融资模式
＋
融资技巧
＋
案例解析

初创企业融资

林沁 ＿＿＿＿＿ 著

化学工业出版社
·北京·

内容简介

本书针对的读者群体是初创企业的创始人、合伙人及骨干管理者。这部分人在创业过程中或多或少都会面临资金短缺的困境，同时急需了解与融资相关的知识，以便为企业成长和发展提供稳定的资金支持。本书全面剖析初创企业的融资问题，深入探讨融资策略、流程、途径及技巧。

全书共 11 章。第 1 章详细阐释企业融资的基础理论知识，包括融资的意义、定义、分类、策略、常用术语以及特殊条款；第 2 章则聚焦于企业在融资前的准备工作，如准备相关材料、开展投资者尽职调查以及编制详尽的融资计划书等；第 3 章至第 9 章分别详细解析股权融资、股权众筹融资、天使轮融资、风投融资、私募融资、债权融资、贷款融资七种主流的融资模式；第 10 章则总结融资成功后的管理要点，为读者提供高效、合理使用资金的指导，以回馈投资者的期待；第 11 章则从行业和企业两个维度出发，深入剖析不同情境下初创企业应采取的融资策略。

图书在版编目（CIP）数据

初创企业融资：融资模式+融资技巧+案例解析 / 林沁著. -- 北京：化学工业出版社，2025.1. -- ISBN 978-7-122-46742-3

Ⅰ. F275.1

中国国家版本馆 CIP 数据核字第 20241BD510 号

责任编辑：卢萌萌　　　　　　　装帧设计：史利平
责任校对：王　静

出版发行：化学工业出版社
　　　　　（北京市东城区青年湖南街 13 号　邮政编码 100011）
印　　装：北京云浩印刷有限责任公司
710mm×1000mm　1/16　印张 10¼　字数 189 千字
2025 年 6 月北京第 1 版第 1 次印刷

购书咨询：010-64518888　　　　　售后服务：010-64518899
网　　址：http://www.cip.com.cn

定　　价：58.00 元　　　　　　　　　　版权所有　违者必究

创业者怀揣着激情和梦想，如同勇敢的探险家，渴望在竞争激烈的市场竞争中开辟新的天地。在这段旅程中，资金是他们赖以生存和发展的关键要素，是推动他们不断前行的动力源泉。在这个资本主导商业的时代，资本运作、融资上市、并购重组是新经济时代的热门话题。而对于初创企业而言，资金往往是稀缺资源，而企业的生产经营、资本经营和长远发展又时时刻刻离不开资金。

当前，我国初创企业的融资率还很低，在融资时面临这样或那样的困难，大部分企业的初始资金主要依赖创始人和团队成员的个人积蓄，或是亲朋好友的支持。由于各种原因，往往难以获得银行贷款和其他金融机构的投资。

因此，对于初创企业而言，融资是一项充满挑战和不确定性的任务。然而，无论面临多大的困难，都必须把融资重视起来。在这个资本密集的时代，缺乏资金支持的企业很难实现快速发展和扩张。因此，如何有效地进行融资成为每个创业者必须面对的难题。

为了解决这个问题，我们精心编写了本书，旨在为创业者提供全面而实用的融资指导。本书不仅详细介绍了融资的基本知识，还深入剖析了各种融资模式和策略。从理论到实践，从天使投资到私募股权，涵盖了与融资相关的所有内容，帮助创业者掌握融资的核心要素，使他们在融资过程中不再迷惘。

此外，本书还特别注重实际操作性，为创业者提供了大量实用的工具和模板。这些工具和模板不仅简化了融资流程，还提高了创业者的融资成功率，使他们在融资道路上更加游刃有余。同时，本书语言简洁明了，避免了晦涩难懂的专业术语和枯燥宽泛的理论。通过生动有趣的案例和实用性强的方法技巧，让读者轻松阅读，掌握融资的精髓。

无论是毫无融资经验的初创业者，还是已有一定经验的创业者，都能在这本书中找到适合自己的融资方法和策略。

由于著者时间与水平有限，书中难免有疏漏之处，敬请广大读者批评指正。

著者
2024 年 6 月

目录

第**1**章

吃透基础知识，进行最专业的融资

资金是企业的血液，没有它，企业就像一具无生命的空壳。融资可为初创企业注入新鲜血液。因此，对于初创企业创始人或经营者而言，深入理解并掌握融资基础知识尤为重要。这些知识是开展融资活动的基石，只有运用自如，才能确保融资活动的顺利进行。

1.1　融资：初创企业腾飞的助推器

融资对初创企业十分重要，有效的融资可以让企业获得大量资金，为生产规模的扩大、新产品的研发、新市场的开拓奠定基础。

很多知名企业都是靠融资发展起来的，无论是国内的，还是国际上的。

案例 1

....

例如京东。通过多轮融资成功地实现了快速发展。尤其是在 2014 年，京东在纳斯达克上市，在此之前完成了多轮融资。这些融资为京东提供了大量的资金支持，使其能够在物流、技术研发、用户体验等方面进行大量投入，进一步巩固了其在电商市场的领先地位。

再如苹果。在其发展历程中，多次依靠融资获得资金支持。早期是通过私募基金和风险投资进行融资，后来又通过发行股票和债券等方式进行融资。这些融资为苹果在研发、生产、市场营销等方面提供了资金支持，帮助它成为全球领先的电子产品制造商之一。

企业扩大规模需要资金，研发新产品需要资金，拓展市场需要资金。资金从哪里来？最有效的方式就是融资，它就像一把神奇的"金钥匙"，打开企业发展这把锁的无限可能。另外，通过融资，企业得到的不仅仅是资金，还有技术和资源，可以提升企业的综合实力，降低企业的经营风险。这就像给企业穿上了一层"保护甲"，让企业能更好地抵御市场的惊涛骇浪。所以，初创企业要发展，必须要融资。

经总结，融资对初创企业的作用体现在 4 个方面，如图 1-1 所示。

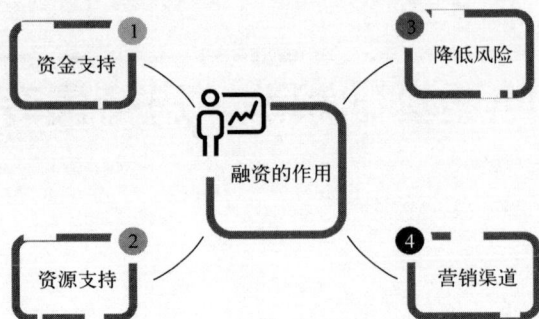

图 1-1　融资的 4 个作用

（1）资金支持

初创企业要想进一步发展，直接或间接地需要大量的资金，而资金最主要来源就是融资，这点在前面已经多次提到，不再赘述。

（2）资源支持

有些企业即使不缺资金也可以去融资，因为通过融资还可以获得发展所需的各种资源，如人才资源、技术资源、管理经验等。因为在融资过程中，企业往往需要向投资者展示其商业模式、市场前景、竞争策略等。通过这种展示，企业可能吸引到更多的合作伙伴、供应商、客户等，从而获取更多的资源和技术支持。

此外，一些投资者可能拥有特定的技术或知识产权，他们在投资时可能会将这些技术或知识产权授权给企业使用。这样，企业不仅获得了资金，还获得了宝贵的技术资源，有助于提升企业的核心竞争力。

（3）降低风险

企业还可以通过融资来降低经营风险。比如，在经济萧条期，有些企业会进行一轮融资，目的就是通过融资获取"过冬"的资本。在经济萧条期，企业营收锐减，甚至出现亏损，而通过融资获得的资金或资源能帮助企业度过困难期，至少可以缓一缓。

融资除了可以降低市场风险外，还可以降低其他风险。比如，新品研发是推动企业发展的重要手段，但新品研发的风险较高，通过融资可以降低研发风险。

综上所述，合理、科学的融资策略能够帮助企业降低经营风险，实现持续、健康的发展。然而，融资也需谨慎。过度融资可能会导致企业的负债过高，反而加大经营风险。

（4）营销渠道

初创企业进行市场营销也可以通过融资实现。市场营销需要品牌推广、渠道资源、战略合作伙伴等，而融资可以帮助企业获得这些。比如，品牌推广。通过融资，企业可以获得投资者的品牌整合、市场推广资源。再比如，战略伙伴。通过融资，企业可以获得包括但不限于上下游供应链、客户、渠道等，这些资源有助于企业快速扩大规模和占领市场。再直接一点，比如业务合作。投资者的人脉、社交资源可以帮助企业找到市场和推广渠道。

案例 2

某知名快时尚品牌，历经数年沉淀，凭借其卓越的产品品质与创新的营销战略，在国内市场取得了令人瞩目的成绩。然而，面对激烈的市场竞争与消费者需求的日益多元化，该品牌深刻认识到，需进一步扩大营销资源投入，以提升品牌知名度和市场占有率。为此，该品牌决定寻求融资支持，以获取更多营销资源。

经过多轮融资，该品牌积极吸引了一批优秀的营销人才，涵盖市场策划、广告创意、数据分析等多个领域，显著提升了营销团队的整体实力。同时，通过与知名投资人和意见领袖的紧密合作，该品牌成功地进行了口碑营销，进一步扩大了品牌影响力，实现了显著的品牌增长与市场扩张，品牌知名度和市场占有率也均得到大幅提升，成为业内的佼佼者。

此案例充分展示了企业通过融资获取营销资源的重要性。企业需要明确融资需求，寻找合适的投资者，并顺利完成融资。在此基础上，企业应注重团队建设、广告投放及渠道优化等关键环节，确保资源得到高效利用，实现投资回报最大化。

总之，融资对初创企业的发展至关重要。通过融资，企业可以获得所需的资金，以及支持日常运营、规模扩张、产品研发、市场营销等的多种相关资源。

1.2　企业融资的定义与分类

企业融资是指企业从自身生产、经营状况以及所需资金情况出发，根据未来经营与发展需要，通过一定的渠道和方式，利用内部积累或向外部投资者筹集获取资金或其他资源的一种经济活动。简单来说，就是企业筹集资金或其他资源的过程。

了解企业融资的概念之后，我们还需要进一步了解企业融资的类型。对企业融资进行分类是一个非常复杂的过程，因分类标准不一样，融资类型也不同。

一般而言，可以按照以下标准分类。

（1）按照有无中介机构参与分类

按照有无中介机构参与，可分为直接融资和间接融资，具体如图 1-2 所示。

分类标准： 有无中介机构参与	直接融资	间接融资
	不经过中介机构，由企业与投资者协商进行借贷，或通过有价证券及合资等方式进行的融资活动，如企业债券、股票、合资合作经营、企业内部融资	以中介机构为媒介进行的融资活动，如银行信贷、非银行金融机构信贷、委托贷款、项目融资贷款等

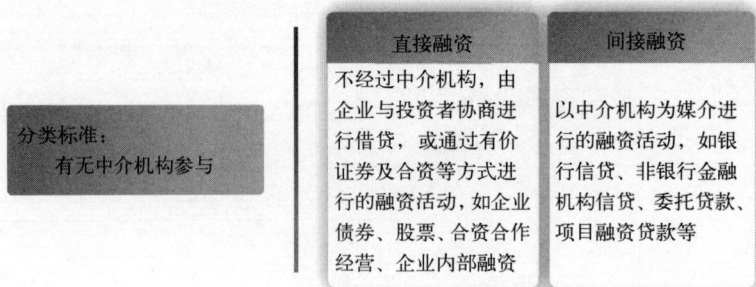

图 1-2　直接融资和间接融资

直接融资优点是资金流动比较迅速，成本低，受法律限制少；缺点是对交易双方筹资与投资要求高，而且有的要求双方会面才能成交。

间接融资是相对于直接融资而言的，间接融资通过中介机构，可以充分利用规模效应降低成本、分散风险，实现多元化负债。

（2）按照企业与投资者的权利义务关系分类

按照企业与投资者的权利义务关系，可以分为债权融资和股权融资，具体如图 1-3 所示。

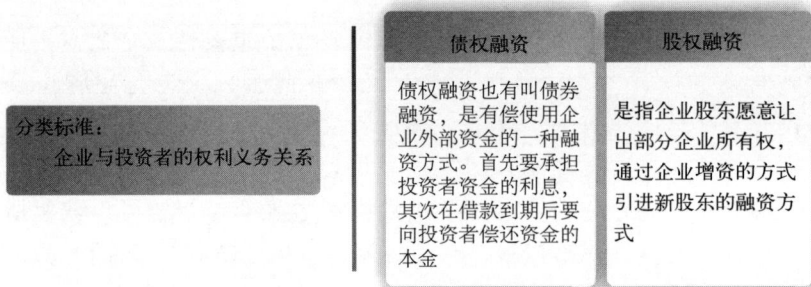

分类标准： 企业与投资者的权利义务关系	债权融资	股权融资
	债权融资也有叫债券融资，是有偿使用企业外部资金的一种融资方式。首先要承担投资者资金的利息，其次在借款到期后要向投资者偿还资金的本金	是指企业股东愿意让出部分企业所有权，通过企业增资的方式引进新股东的融资方式

图 1-3　债权融资和股权融资

债权融资是有偿使用企业外部资金的一种融资方式，包括银行贷款、银行短期融资（票据、应收账款、信用证等）、企业短期融资券、企业债券、资产支持下的中长期债券融资、金融租赁、政府贴息贷款、政府间贷款、世界金融组织贷款和私募债权基金等。这种融资的用途主要是解决企业营运资金短缺的问题，而不是用于资本项下的开支。

股权融资与债权融资的"有偿使用资金"恰恰相反，具有无偿性，企业无须支付投资者投资本金及其利息，是以企业的盈利与增长作为回报的。这种融资用途比较广泛，既可以充实企业的营运资金，也可以支持企业的投资活动。

大多数初创企业进行的是债权融资，也就是平时我们所说的贷款，即通过银行和其他信贷机构进行融资。对于初创企业而言，债权融资是很好的融资方式。

（3）按照资金性质分类

按照资金性质，可以分为债务性融资和权益性融资，具体如图 1-4 所示。

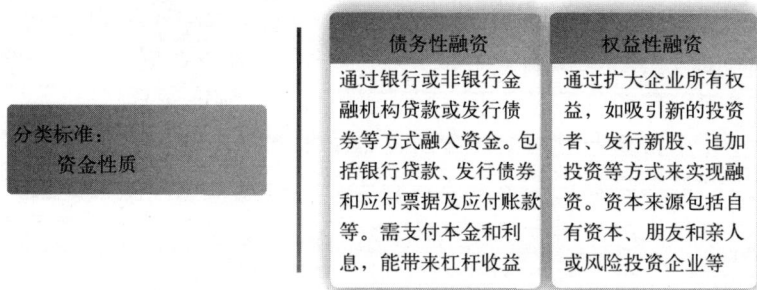

	债务性融资	权益性融资
分类标准： **资金性质**	通过银行或非银行金融机构贷款或发行债券等方式融入资金。包括银行贷款、发行债券和应付票据及应付账款等。需支付本金和利息，能带来杠杆收益	通过扩大企业所有权益，如吸引新的投资者、发行新股、追加投资等方式来实现融资。资本来源包括自有资本、朋友和亲人或风险投资企业等

图 1-4 债务性融资和权益性融资

债务性融资是指企业通过发行债券、借款等方式筹集资金，这些资金需要企业在一定的期限内按照约定的利率和还款计划进行偿还。而权益性融资则是指企业通过发行股票等方式筹集资金，这些资金不需要企业偿还，但需要给予投资者相应的股权和分红权益。

债务性融资的优点在于资金筹措相对容易，但企业需要承担一定的还款压力和财务风险。而权益性融资的优点在于不需要还款，能够长期为企业提供资金支持，但企业需要分享利润和股权。

债务性融资和权益性融资各有优缺点，企业在选择时需要综合考虑自身的财务状况、经营环境、风险控制等因素。对于收益预期较高，能够承担较高融资成本、经营风险的企业而言，可以选择权益性融资。而对于收益预期不高、风险承担能力较小的企业而言，可选择债务性融资。

在这里需要注意的是，很多人容易将权益性融资与股权融资混淆，其实两者并非一个概念。

权益性融资与股权融资在定义和范围、风险和回报、对企业财务状况的影响等方面存在显著差异。

1）定义和范围

权益性融资涉及通过增加企业的所有者权益来筹集资金，其涵盖的范围较为广泛。它不仅包括股权融资，还包含企业内部的留存收益融资，即企业保留自身经营产生的利润，用于进一步发展。

股权融资是权益融资的一个重要组成部分，主要指企业通过出售部分股权，吸引新的股东以获取资金。新股东成为企业所有者之一，与原有股东共同承担企业的风险和收益。

2）风险和回报

在权益融资中，留存收益融资的风险相对较低，因为这种方式不会改变企业的股权结构，也不会影响企业的控制权。

股权融资可能会影响企业的控制权，因为引入外部投资者成为股东可能会导致股权稀释，进而影响原有股东的权益。

3）对企业财务状况的影响

留存收益融资不会改变企业的股权结构，因此对企业财务状况的影响较小。而股权融资可能导致股权稀释，影响原股东的持股比例和权益。

在实际操作中，企业应根据自身的资金需求和财务状况，选择最合适的融资方式。若企业需要大量资金且不希望稀释股权，可选择留存收益融资；若希望引入新投资者并分担风险，则可选择股权融资。

1.3　融资四象限：成本、机会、收益、风险

初创企业在进行融资之前，必须对融资对象进行全面深入的分析，以确保基于充分的了解制定合理且科学的融资策略。在众多分析方法中，四象限分析法被广泛采用，因为它提供了一个全面而有效的框架，有助于我们系统地分析和评估自身的融资策略，从而做出更加明智的决策。

利用四象限分析法分析融资策略的具体内容如图1-5所示。

图1-5　融资策略的四象限分析法

下面将对每个象限进行详细解释。

（1）成本象限

成本象限主要聚焦于融资的经济成本。企业在筹措资金时，必须全面考量包括利息、手续费等在内的直接成本以及其他与融资活动相关的间接费用。需要对

各种融资方式的成本效益进行深入分析，并选取成本最经济的方案。此外，企业还需对长期和短期融资的成本进行合理预估，以确保拥有充足的流动资金满足短期运营需求，同时也为长期的资本性支出做好资金储备。

（2）机会象限

机会象限关注的是融资所能带来的业务增长与潜在收益。初创企业在选择融资方式时，应充分评估各种融资手段对其业务拓展、产品创新及市场推广等方面的潜在助力。同时，结合市场环境、竞争对手动态及行业发展趋势，制定最符合自身发展需要的融资策略。

（3）收益象限

收益象限主要分析融资活动对企业财务表现的影响。企业应详细评估融资活动对其盈利能力、现金流状况及债务偿还能力的影响，确保融资活动能够为企业带来稳定的收益，实现预期的财务目标。此外，企业还需通过优化资本结构，提升财务稳健性与可持续性。

（4）风险象限

风险象限则主要关注融资活动所带来的风险与不确定性。初创企业在选择融资方式时，需充分考量市场风险、信用风险及流动性风险等因素，评估自身的风险承受能力，并选择相应的融资方式以降低风险。同时，企业还需制定完备的风险应对策略，以应对可能出现的风险事件。

在制定融资策略时，初创企业需全面考虑成本、机会、收益与风险四个象限的影响，通过综合权衡各因素，制定出既符合企业实际又具前瞻性的融资策略。同时，要定期对融资策略进行评估与调整，以适应不断变化的市场环境，确保企业的持续稳定发展。

1.4 融资常用词汇：TS、DD、SPA、SHA

在融资领域有很多特定的专用术语。这些术语对于非专业人士来说可能有些陌生，但又是至关重要的。以下是 4 个常见的融资专用术语及其简要解释。

1.4.1 TS：投资意向书的核心内容

TS（term sheet）直译为"条款清单"，是投资者与融资企业之间初步达成的投资协议，是投资意向书的基础，用于规定投资者和融资企业之间的权利和义务。它包含融资的具体条款，如融资金额、估值、股份比例、投资者权利、退出机制等。

TS 通常包括如表 1-1 所列的内容。

表 1-1　TS 包括的内容

事项	具体内容
定义和描述	详细描述企业的业务内容、产品或服务、市场定位、竞争优势等
投资额、股份比例	列出投资者将向企业投入的资金数额以及对应的股份比例
稀释条款	列出未来融资过程中股份的稀释情况
优先权	规定投资者在企业中的优先权，包括清算优先权、赎回权等
董事会和管理层	规定董事会和管理层的组成和职责
保护条款	规定投资者和企业之间的保护条款，包括竞业禁止、保密协议等
回购权	规定企业回购投资者股份的权利和义务
转让限制	规定投资者股份的转让限制，包括转让限制的期限和条件等
其他条款	包括其他特殊约定和条款，例如排他性条款、保密协议等

需要注意的是，TS 的具体内容可能会因地区、行业有所不同，所以，建议在制定 TS 条款时要视情况而定。

1.4.2　DD：投资前的全面审查

DD 即尽职调查（due diligence），是投资者对融资企业基本信息、财务状况、法律合规性以及主营业务的全面审查，以确保企业具备稳健的财务基础和合规经营状态。

尽职调查主要内容包含如表 1-2 所列的方面。

表 1-2　DD 的主要内容

事项	具体内容
基础信息	包括但不限于企业的基础资质文件、商业许可文件和行业资质文件
财务状况	包括企业的财务报表，如资产负债表、利润表和现金流量表，以评估企业的经济实力和财务健康状况
企业业务	包括企业的商业模式、运营流程、供应链情况，以及与主要客户的业务关系等
法律和合规性	包括企业遵守各种法律法规的情况，如劳动法、环保法规等，以及是否存在任何未解决的法律纠纷或诉讼
企业环境和行业市场	包括对企业所处市场的整体趋势、竞争态势、行业法规等方面的深入分析
管理和团队	企业的高级管理团队，包括他们的教育背景、工作经验和过往业绩等

尽职调查的收尾，一般需要将所有的调查结果汇总，形成详细的尽职调查报告，全面反映融资企业的各个方面，为接下来的投资、决策提供依据。

1.4.3　SPA：股权交易的法律文件

SPA（share purchase agreement）即股权购买协议，为投资者与融资企业间所签订的正式投资协议。在此协议中，将明确列明融资涉及的具体条款，包括但不限于融资金额、企业估值、股份分配比例以及董事会席位等内容。一旦 SPA 得到双方签署确认，投资者将按照约定向企业支付相应款项，并据此取得相应比例的企业股份。

股权购买协议模板如图 1-6 所示。

本协议由以下双方于___年___月___日签署。

1. 出售方（以下简称"甲方"）：

地址（详细地址）：

法定代表人（姓名）：

身份证号码：

电话：

电子邮箱：

2. 购买方（以下简称"乙方"）：

地址（详细地址）：

法定代表人（姓名）：

身份证号码：

电话：

电子邮箱：

鉴于甲方拥有并同意出售其持有的_____公司的股权，乙方有意购买该股权，双方经友好协商，达成如下协议：

一、股权转让

1. 甲方同意将其持有的_____公司股权共计_____股，每股面值_____元，共计_____元，以_____元的价格转让给乙方。

2. 乙方同意购买上述股权，并承诺按照本协议约定的方式支付股权转让款。

二、股权转让款的支付

1. 乙方应在本协议签署后_____日内将股权转让款一次性支付给甲方。

2. 甲方应在收到股权转让款后向乙方出具合法有效的收款凭证。

三、股权转让的生效时间

1. 本协议签署并支付股权转让款后，乙方即成为_____公司的合法股东，享有相应的股东权利和义务。

2. 股权转让生效后，甲方不再享有_____公司的股东权利和义务。

四、其他条款

1. 本协议一式两份，甲乙双方各执一份，具有同等法律效力。

2. 本协议未尽事宜，可由双方协商补充，补充协议与本协议具有同等法律效力。

3. 本协议自双方签字（或盖章）之日起生效。

甲方（出售方）：（盖章）

法定代表人（或授权代表）：（签字）

日期：___年___月___日

乙方（购买方）：（盖章）

法定代表人（或授权代表）：（签字）

日期：___年___月___日

图 1-6　股权购买协议模板

1.4.4　SHA：股东协议

　　SHA（shareholders agreement）译为"股东协议"，是投资者与融资企业之间签署的一份重要文件，旨在明确股东的权利和义务。该协议详细规定了股东的持股比例、股权转让规则以及其他相关事宜，旨在确保股东之间的利益关系平衡。

　　SHA 的签署对于保护股东权益、维护企业稳定以及促进企业发展具有重要意义。

　　股东协议模板如图 1-7 所示。

本协议由以下双方于 ___ 年 ___ 月 ___ 日签署。

甲方：_____（公司名称）

乙方：_____（股东姓名）

鉴于：

甲乙双方同意共同投资并经营一家公司，为明确各自权利和义务，特订立本协议。

第一条　投资额与持股比例

乙方同意向公司投资 _____ 元人民币，持有公司 _____%的股权。

第二条　股权转让与质押

乙方在未经甲方书面同意的情况下，不得将其持有的公司股权全部或部分转让给第三方或设定质押。

第三条　利润分配与亏损承担

公司利润按照股东持股比例进行分配。如发生亏损，乙方应按照其持股比例承担相应亏损。

第四条　股东权利与义务

4.1　乙方有权按照其持股比例参与公司重大决策，并享有公司章程规定的其他权利。

4.2　乙方有义务遵守公司章程，履行股东职责，并按照约定时间、方式进行出资。

第五条　违约责任

如一方违反本协议约定，应向守约方支付违约金，并赔偿由此造成的损失。

第六条　法律适用与争议解决

本协议适用中华人民共和国法律。因本协议引起的或与本协议有关的任何争议，双方应友好协商解决，协商不成的，提交仲裁委员会仲裁。

第七条　其他条款

7.1　本协议一式两份，甲乙双方各执一份，自双方签字（或盖章）之日起生效。

7.2　本协议未尽事宜，可由甲乙双方协商一致后签订补充协议，补充协议与本协议具有同等法律效力。

图 1-7　股东协议模板

　　这些融资术语对融资创业来说非常重要，必须明确了解其含义和作用，以确保融资的顺利进行。

1.5　企业融资常用到的 8 个特别条款

　　融资合同中通常会包含一些特别条款，加入这些条款是为了保护投资者和借款人的利益，确保交易的顺利进行。以下是融资合同中常用的 8 个特别条款。

1.5.1 创始人条款：保护创始人的正当权益

"创始人条款"系指为保护企业创始人的权益所订立的特定条文或规定。此类条款旨在体现创始人的特殊作用和价值，是融资合同不可或缺的组成部分。

"创始人条款"包括如图 1-8 所示 5 个方面的内容。

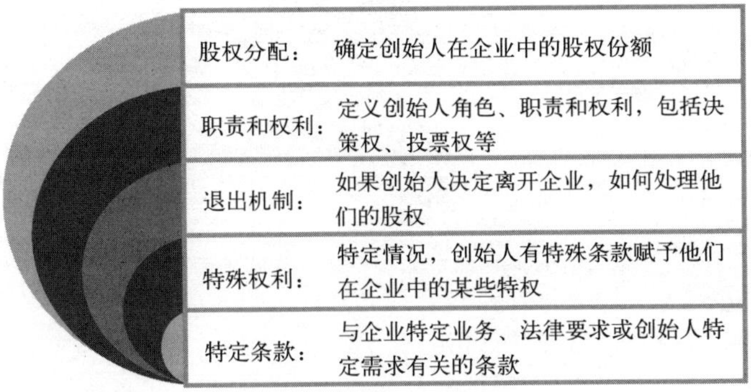

股权分配：	确定创始人在企业中的股权份额
职责和权利：	定义创始人角色、职责和权利，包括决策权、投票权等
退出机制：	如果创始人决定离开企业，如何处理他们的股权
特殊权利：	特定情况，创始人有特殊条款赋予他们在企业中的某些特权
特定条款：	与企业特定业务、法律要求或创始人特定需求有关的条款

图 1-8 创始人条款内容

创始人条款通常涉及企业的所有权、控制权、利益分配、战略方向等核心问题。它们反映了创始人对企业未来发展的期望和愿景，并确保了企业的决策与这些期望和愿景保持一致。因此，这些条款的制定需要经过深思熟虑和精心策划，以确保它们能够有效实现创始人的目标。

为了确保创始人条款的有效实施，企业需要建立相应的机制和流程，以确保这些条款得到充分执行和监督。同时，随着企业的发展和市场环境的变化，创始人条款也需要不断进行修订和完善，以适应新的挑战和机遇。

总之，创始人条款是企业不可或缺的一部分，它们为企业的决策提供了明确的指导原则，确保了企业的稳定发展和持续增长。因此，在制定和实施创始人条款时，需要充分考虑企业的实际情况和未来发展需求，以确保这些条款能够发挥出最大的效用。

1.5.2 反摊薄条款：确保股东权益不受稀释

在融资过程中，为了保护前期投资者的利益，防止因企业后续以较低价格融资而遭受股份价值稀释的风险，通常会引入"反摊薄条款"或"反稀释条款"。这是一种重要的价格保护机制，旨在确保前期投资者的股份价值不受损害。

反摊薄条款的具体内容包括如图 1-9 所示 2 个方面。

该条款在融资合同中具有重要地位，约定形式通常有两种，分别为价格保护和股份调整。价格保护规定，在后续融资价格低于前期投资价格时，前期投资者将获得额外股份以补偿价值损失。而股份调整则直接调整前期投资者的股份数量，

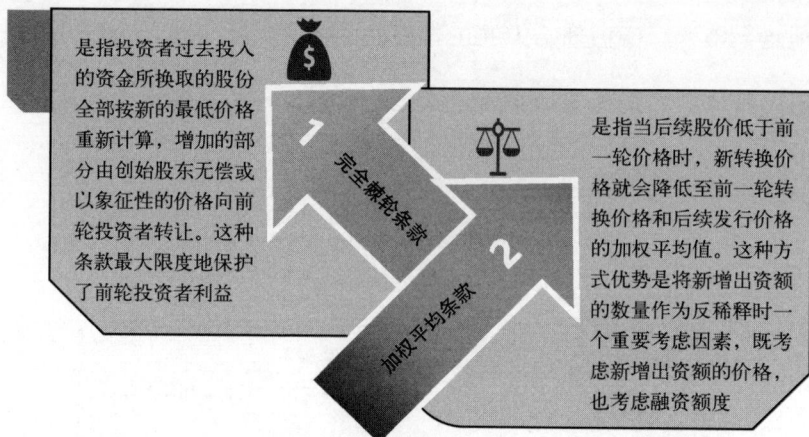

图 1-9　反摊薄条款的具体内容

维持其持股比例不变。这两种方式共同构成了反摊薄条款的核心内容，为投资者提供了坚实的保障。

对于前期投资者而言，反摊薄条款是一种有效的风险降低机制，有助于维护投资者在企业后续融资中的利益。尽管这一条款可能增加企业的融资成本，但同时也是吸引投资者、促进融资的重要手段。然而，需要注意的是，反摊薄条款并非万能之药，其效力受到市场环境、融资结构等因素的限制。

总体而言，反摊薄条款作为投资领域中的一项关键价格保护机制，对于维护投资者权益、促进市场公平与稳定具有重要意义。在融资过程中，企业应保证投资者充分了解并合理运用这一条款，并结合其他风险控制手段，全面保障其权益。

1.5.3　肯定性条款：保障企业运营稳定性的约定

在融资活动中，"肯定性条款"发挥着至关重要的作用，它是指融资企业管理层或债券发行人在投资期间应当遵循的一系列行为准则。这些条款的制定旨在确保融资企业能够按照投资者的期望和协议要求稳健运营，从而有效降低投资风险，提升投资回报。

肯定性条款内容丰富多样，涵盖了企业运营的多个方面。

① 定期提交经营管理记录。这些记录详细反映了企业的日常运营情况，包括销售数据、库存变动、客户反馈等，有助于投资者全面了解企业的运营状态，及时发现问题并采取相应的解决措施。

② 定期披露财务报表。财务报表是企业财务状况的直观体现，包括资产负债表、损益表和现金流量表等。这些报表需要按照月度、季度和年度的时间节点进行提交，确保投资者能够实时掌握企业的财务状况。特别是年度报告，必须经过

注册会计师的严格审核，以确保其真实性和准确性。

③ 提供年度预算。年度预算反映了企业未来的经营计划和财务安排，是投资者评估投资风险和回报的重要依据。通过提交年度预算并获得批准，企业可以确保其在投资者的支持和监督下，实现稳健的发展目标。

肯定性条款的制定和执行对于保护投资者的权益具有重要意义。它不仅要求融资企业遵循一系列行为规范，还通过定期提交报告和预算等方式，确保企业运营的透明度和规范性。这样一来，投资者便可以更加放心地投入资金，为企业的稳健运营提供资金保障。

然而，值得注意的是，肯定性条款的具体内容和执行方式可能因不同的投资协议和法律法规而有所差异。因此，在实际操作中，需要仔细研究相关协议和法律法规，以确保条款内容的合法、合规。

总之，肯定性条款作为融资活动中的重要组成部分，为投资者提供了有力的保障措施。通过遵循这些条款的要求，融资企业可以确保自身运营的规范性和透明度，进而降低投资风险并提升投资回报。对于投资者而言，了解和掌握肯定性条款的具体内容和执行方式至关重要，这有助于他们在融资活动中做出更加明智的决策。

1.5.4 否定性条款：规避潜在风险的措施

与肯定性条款相对的是否定性条款，这也是融资合同中一类重要的条款，它作为融资合同的一部分，起到了为投资者设置安全屏障的关键作用。它们不仅确保了投资者的权益，也为融资企业提供了明确的行为准则。这些条款的制定，通常基于对市场风险、行业惯例以及投资者利益的综合考量。

否定性条款通常包括如表 1-3 所列的 5 个方面的内容。

表 1-3　否定性条款的内容

否定性条款	具体内容
限制某些高风险业务	融资企业不得从事与主营业务无关的高风险业务，以防止过度冒险可能导致的重大损失
限制债券发行	融资企业不得发行超过一定规模的新债券，以保持合理的负债水平，防止财务风险
限制资产处置	融资企业不得随意处置重要资产，以保持企业核心竞争力的稳定
限制对外投资	融资企业不得进行未经投资者同意的对外投资，以防止资金被不合理地分配或损失
限制管理层变动	融资企业不得随意更换高级管理人员，以保证管理层的稳定性和连续性

投资者会特别关注那些可能损害其利益的行为。例如，禁止融资企业进行未

经授权的资本支出、承担过大的财务风险、进行损害公司长期价值的并购活动、进行违反法律法规的行为等。这些规定都是为了确保投资资金的安全性和投资回报的稳定性。

然而，否定性条款的内容并非一成不变。它们需要根据具体的投资环境、企业状况和投资者需求进行调整。在某些情况下，投资者可能会根据融资企业的具体情况和市场变化，对否定性条款进行适度的放宽或加强。

此外，融资企业在接受投资时，也需要对否定性条款进行充分了解和评估。这些条款不仅是对企业行为的约束，也是对企业未来发展策略的指导。因此，企业应在遵守这些条款的前提下，合理规划自身的发展路径，确保在保护投资者利益的同时，也能够实现自身的长期发展目标。

总之，否定性条款作为融资合同中的重要组成部分，为投资者和融资企业提供了明确的行为准则和保障。它们通过限制某些可能损害投资者利益的行为，降低了融资的风险和不确定性，为双方的合作奠定了坚实的基础。

1.5.5 对赌条款：基于未来业绩的风险与回报安排

对赌条款也被称为"估值调整机制"，其核心目的在于调整投资权益。当投资者与融资方达成股权性融资协议时，为应对双方对目标公司未来发展的不确定性、信息的不对称性，以及降低代理成本，此机制应运而生。此机制涵盖股权回购、金钱补偿等条款，旨在对未来目标公司的估值进行合理调整。

对赌条款根据不同分类标准，可以分为多种类型，在拟写该条款时必须有明确的分类标准。

对赌条款类型如图 1-10 所示。

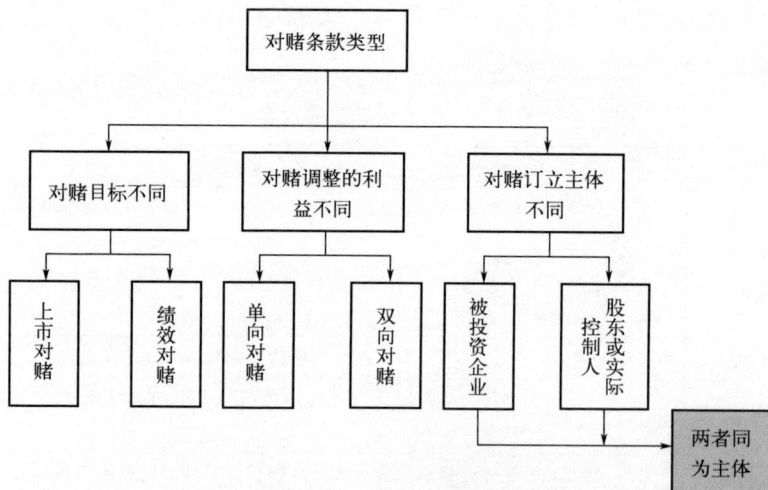

图 1-10 对赌条款类型

（1）对赌目标不同

对赌条款根据对赌目标不同，可以分为上市对赌和绩效对赌。

① 上市对赌。对赌目标是在指定证交所上市的目标公司。在首次公开发行股票并上市（IPO）的过程中，拟上市企业可能要求投资者终止对赌条款。然而，投资者为避免投资的企业因未完成上市给自己造成损失，往往会拒绝，或者要求拟上市主体或控股股东、实际控制人在签署终止协议的同时，另签署恢复或保持"对赌条款"的协议。

② 绩效对赌。目标是某个节点目标公司的经营业绩。通常是以"净利润"作为对赌标的，看被投资企业在约定期限内能否达到承诺的业绩。

例如，某企业在引入私募股权（private equity，PE）机构时，大股东承诺在一定时间内实现特定的净利润。如果企业未能实现承诺的业绩，PE 机构有权要求公司或大股东进行补偿。

（2）对赌调整的利益不同

根据对赌调整的是双方利益还是单方利益，可以分为单向对赌和双向对赌。单向对赌只约定条件未达成时向投资者进行补偿；双向对赌不仅约定了条件未达成时的情况，还约定了条件达成时投资者对控股股东的补偿。

（3）对赌订立主体不同

根据订立"对赌协议"的主体，大体可以分为三类：第一类是投资者与融资企业对赌；第二类是投资者与融资企业股东或者实际控制人对赌；第三类是投资者与融资企业及其股东对赌。

1.5.6　Bad Leaver 条款：股东退出时的权益保障

在融资过程中，投资者或金融机构为确保其利益不受损害，通常会引入"Bad Leaver"条款。此条款规定，在企业出现特定变故，并对投资者利益造成损害时，如核心团队成员离职或违反相关协议，需依法承担相应的责任或进行相应的赔偿。Bad Leaver 条款的存在，旨在防范因企业核心人员的流失或其他不利于企业发展的因素，给投资者带来重大损失的风险，从而确保投资者的利益得到稳固保障。

Bad Leaver 条款的具体内容通常包括如图 1-11 所示的两个方面。

需要注意的是，Bad Leaver 条款并不仅仅是对投资者利益的保护，实际上它也是一种对融资企业自身稳健发展的保障。在企业的生命周期中，核心团队成员的稳定性和忠诚度是至关重要的。一旦这些成员因为各种原因离开，可能会对企业的运营、战略规划和业务发展产生重大影响。因此，Bad Leaver 条款在某种程度上也起到了约束和稳定核心团队的作用，防止因为个别成员的离职而给企业带来不必要的风险。

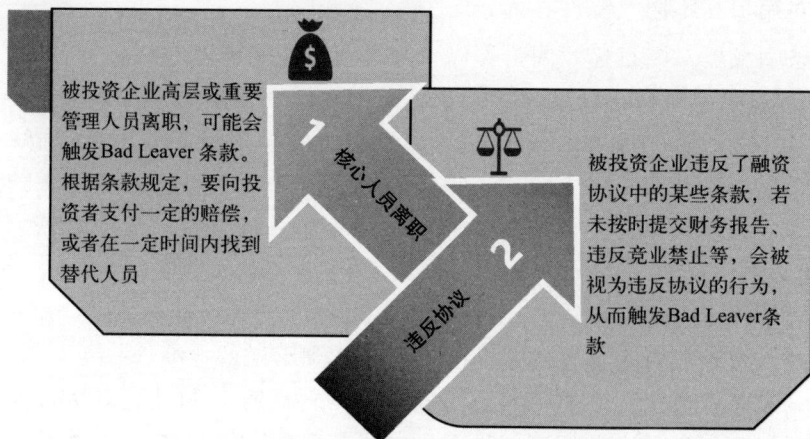

图 1-11　Bad Leaver 条款的具体内容

被投资企业高层或重要管理人员离职，可能会触发Bad Leaver 条款。根据条款规定，要向投资者支付一定的赔偿，或者在一定时间内找到替代人员

核心人员离职

违反协议

被投资企业违反了融资协议中的某些条款，若未按时提交财务报告、违反竞业禁止等，会被视为违反协议的行为，从而触发Bad Leaver条款

当然，企业在引入 Bad Leaver 条款时也需要审慎考虑。一方面，过于严苛的条款可能会影响到核心团队的积极性和工作动力；另一方面，过于宽松的条款则可能无法有效保障企业和投资者的利益。因此，在设置 Bad Leaver 条款时，企业应与投资者充分沟通，共同制定出既符合双方利益，又能确保企业稳健发展的条款内容。

总之，Bad Leaver 条款作为融资合同的一项重要保障措施，对于保障投资者利益和维护企业稳健发展都具有重要意义。企业应充分了解和利用这一条款，为未来发展奠定坚实的基础。

1.5.7　股票条款：股份分配与管理的规定

股票条款被誉为融资交易的"魔法力量"。这些条款通常出现在投资协议、股权投资协议或股票发行协议中，为投资者和融资企业之间搭建了一座桥梁，确保双方的权益得到妥善保护。

融资中的股票条款主要包括如表 1-4 所列的 10 个方面。

表 1-4　股票条款的具体内容

股票条款	具体内容
估值条款	这是关于投资者和企业对企业价值的评估与商定的条款。确定融资企业的价值是股权投融资的重中之重，关乎投资双方的核心利益，所以估值条款是最核心的条款之一
估值调整条款	如果企业业绩与签约时预测的水平存在差异，双方可以调整企业估值。同时，投资者与企业对股权比例做出相应调整（股权对赌），或由投资者或企业向对方支付一定数额的金钱（现金对赌）
反稀释条款	这一条款通常涉及后续融资时老股东的权益保护，防止自己的股份被过度稀释

股票条款	具体内容
优先购买权/ 共同出售权条款	在投资者出售股份时，其他股东有优先购买这些股份的权利；或者在股东出售股份时，投资者也有权按比例出售自己的股份
领售权	如果一定数量的股东（通常是大多数或全部）决定出售企业，其他股东有义务跟随他们一起出售
跟售权	这是指在投资者对企业进行后续融资时，其他股东有权按其持有的股份比例参与下一轮融资
回购权	如果企业未能在一定时间内达到约定的业绩或发生某些特定事件，投资者可以选择要求企业回购其持有的股份
保护性条款	这些条款旨在保护投资者在企业中的利益，防止对企业做出重大改变，如更改核心业务、分红等
知情权	投资者通常有权要求定期了解企业的财务状况、运营状况和其他重要信息
优先权条款	通常涉及优先股的转换权、优先分红权等，确保投资者在企业分配红利或清算时享有优先权利

　　股票条款的制定不仅关乎投资者的利益，更是对融资企业行为的规范与制约。因此，在拟定这些条款时，必须严格遵循相关法律法规，保证条款的公平、公正和合法性。

　　首先，我们来探讨股票条款中的核心要素之一——投票权。投票权是股东参与融资企业决策的重要方式。在股票条款中，通常会明确规定各类股票所享有的投票权比例，如普通股和优先股之间的投票权差异。这样的设计有助于平衡不同股东之间的权益，确保公司决策能够反映大多数股东的利益。

　　其次，股票条款还会涉及股份转让的相关规定。股份转让是股东将其所持有的股份转让给他人的行为。在股票条款中，通常会规定股份转让的限制条件，如转让对象、转让时间、转让价格等。这些规定有助于维护融资企业的稳定性，防止恶意收购或不当转让行为的发生。

　　此外，股票条款还会对股东的权益进行保障。例如，在股票发行协议中，通常会规定融资企业应向股东提供财务报告、分红政策、股票回购等信息。这些信息有助于股东了解融资企业的经营状况，从而做出更加明智的投资决策。同时，股票条款还会对股东的退出机制进行规定，如公司回购、IPO等方式，确保股东在必要时能够顺利退出。值得注意的是，股票条款的具体内容因投资者和企业之间的协商而有所不同。不同的投资者可能关注不同的方面，如投票权、分红政策等。因此，在制定股票条款时，需要充分考虑投资者的需求和利益，确保条款能够满足双方的期望。

　　总之，股票条款作为融资合同的重要组成部分，不可忽视。通过合理制定和运用股票条款，可以保护投资者的利益，规范融资企业的行为，促进企业的健康发展。在未来的商业竞争中，掌握股票条款的魔法力量将成为企业成功融资的关键之一。

1.5.8 陈述与保证：信息披露与责任承担的重要声明

在融资合同中，当一方需要对另一方关于事实、情况或权利进行声明和保证时，通常需要引入"陈述与保证"条款。其目的在于通过提供准确和全面的信息，增强对方对交易或关系的信心，进而降低因信息不对称或信息不完整而可能引发的风险。这些陈述与保证通常会以书面形式在合同、协议或法律文件中明确列出。

以贷款协议为例，借款方可能需要提供一系列的陈述和保证，以证明其具备偿还贷款的能力和良好的信用记录。同样，在融资协议中，融资方也会提供陈述与保证，以确保向投资者提供的信息是准确无误且完整的，无任何遗漏。这些措施有助于维护交易双方的权益，促进商业活动的顺利进行。

陈述与保证的具体内容，可能因融资种类和条件的不同而有所不同，但通常会包含 8 项相对固定的内容，如表 1-5 所列。

表 1-5　陈述与保证条款的具体内容

陈述与保证	具体内容
企业的合法存在和授权	陈述与保证企业是合法注册并存在的，且签署合同的人拥有合法权利和授权来签署该合同
企业组织和治理	陈述与保证企业组织结构、股权架构、治理机制等，并保证这些方面不存在任何重大问题或瑕疵
财务状况	陈述与保证所提供的财务状况的详细信息，包括资产负债表、利润表、现金流量表等，并保证这些报表的真实性和准确性
业务和经营	陈述与保证自己的业务范围、经营状况、市场地位等，并保证其业务和经营不存在任何重大违法、违规行为
风险因素	陈述与保证披露可能对其经营和财务状况产生不利影响的风险因素，如市场风险、竞争风险、政策风险等
法律事项	陈述与保证所涉及的法律事项，包括未结诉讼、知识产权纠纷等，并保证不存在其他重大法律障碍
无重大违法行为	陈述与保证企业或个人之前的行为没有违反任何重大的法律或法规，不会因过去的违法行为而受到追究。因此，在签署合同或协议之前，认真审查其中的陈述与保证条款是非常重要的
担保和抵押	如果融资涉及担保或抵押，应陈述与保证相关担保或抵押的合法性和有效性

陈述与保证条款的目的是建立信任并减少法律风险，使双方能够更好地合作。然而，一旦这些陈述与保证被证明是不真实的或存在重大遗漏，那么它们就可能引发更大的法律问题，甚至可能导致合同违约。

因此，在签署合同之前，仔细审查和评估陈述与保证条款内容的真实性非常重要。

　　总之，陈述与保证在商业交易中扮演着重要的角色。它们不仅能够建立信任并减少法律风险，还能够推动交易的顺利进行。然而，为了确保交易的公平和透明，交易双方需要谨慎对待陈述与保证，确保它们真实、准确且完整。只有这样，我们才能在商业世界中建立起一种基于信任和合作的美好环境。

第**2**章

有备无患，做足融资前的准备工作

筹集资金是一项复杂且系统的任务，需要融资企业在正式开始筹集资金之前做好充足的前期工作。只有做好充分准备，筹集资金活动才能顺利进行。以下是企业在筹集资金前应完成的主要准备工作。

2.1 企业自身的相关材料

为确保融资的成功，企业首要任务是准备相关材料。这些材料包括此次融资直接用到的材料和间接材料，以便于投资者明确融资目标、全面评估企业实力与价值、审慎做出正确的选择。

准备充分的材料，可为后续的融资活动奠定坚实的基础。

2.1.1 融资活动推介资料

融资活动推介资料旨在向潜在投资者展示特定的产品、服务或投资机会，以激发其兴趣并吸引投资。尽管部分内容可能与融资计划详述有所重叠，但其重要性不容忽视。

融资活动推介资料详细内容如表 2-1 所列。

表 2-1　融资活动推介资料详细内容

材料事项	具体内容
阐述投资机会	明确地解释产品、服务或项目的投资机会是什么，以及它是如何工作的
展示市场机会	解释产品、服务或投资机会所在的市场有多大，以及它在市场中的地位
展示竞争优势	解释产品、服务或项目与竞争对手的区别，以及为什么投资者应该选择这个机会而不是其他机会
展示管理团队	介绍公司的管理团队，包括他们的背景、经验和技能
展示财务预测	提供关于公司未来财务表现的预测，以便投资者可以评估投资回报
结束	在材料结束时，明确地请求投资者进行投资，并说明如何进行投资

此外，为了有效地传达信息，推介材料必须清晰、简洁及说服力强，从而让投资者在短时间内迅速把握关键信息并全面理解。

2.1.2 企业财务报表

在筹集资金之前，融资企业需要准备以下 3 张财务报表。

（1）资产负债表

资产负债表展示了企业在某一特定时间点的资产、负债及所有者权益的状况，为企业资产结构与债务水平的评估提供了依据。其中"资产＝负债＋所有者权益"为其核心等式。无论企业盈利或亏损，此等式始终成立。

资产反映了企业所持有的资源，而负债与所有者权益则体现了企业内部不同权益人对这些资源的要求。债权人对企业的全部资源拥有要求权，而公司则需要以其全部资产来满足不同债权人的偿付需求。在负债得到清偿之后，剩余的即为所有者权益，即公司的净资产。资产负债表中的各项数据反映了企业资产的分布、负债及所有者权益的构成，对这些数据的分析有助于评估公司的资金运营状况、财务结构、风险承担能力以及经营绩效。

（2）现金流量表

现金流量表展示了企业在一定时期（如月、季或年）内，其经营活动、投资活动及筹资活动对其现金及现金等价物所产生的影响。在市场经济环境下，现金流量的充足与否直接关系到企业的生存与发展。即便企业具备良好的盈利能力，若现金流出现问题，也将对其生产经营造成严重影响，甚至可能导致企业破产。

因此，现金流量表在企业经营和管理中的重要性日益凸显。通过现金流量表可以计算出 8 大比率，如图 2-1 所示是这 8 大比率的计算方法。

审计人员对企业现金流量表的核查不仅有助于企业对自身的支付能力、偿债能力、盈利能力等财务状况做出精准评价，而且能够通过各项现金流多少和比重变化发现企业在各种经济活动中存在的问题，帮助企业及时采取改正措施。

（3）损益表

损益表反映了企业收入、成本、费用、税收情况的财务报表，表现了企业利润的构成和实现过程。企业内外部相关利益者主要通过损益表了解企业的经营业绩，预测企业未来利润情况。另外，损益表为企业分配利润和评价企业管理水平提供了重要依据。

损益表具体内容包括如表 2-2 所列的 5 项。

自身创造现金能力比率=经营活动的现金流量/现金流量总额

偿付全部债务能力比率=经营活动的净现金流量/债务总额

短期偿债能力比率=经营活动的净现金流量/流动负债

每股流通股现金流量比率=
经营活动的净现金流量/流通在外的普通股股数

支付现金股利比率=经营活动的净现金流量/现金股利

现金流量资本支出比率=经营活动的净现金流量/资本支出总额

现金流入对现金流出比率=
经营活动的现金流入总额/经营活动引起的现金流出总额

净现金流量偏离标准比率=
经营活动的净现金流量/(净收益＋折旧或摊销额)

图 2-1　现金流量表 8 大比率计算方法

表 2-2　损益表的具体内容

检查事项	具体内容
数据之间的勾稽关系	损益表内的各个项目数据填列是否完整，有没有明显的漏填、错填现象。对于数据之间的勾稽关系（相互间可检查验证的关系），可以逐项核查
损益表与其他附表之间的勾稽关系	一般情况下，损益表所列产品销售收入、产品销售成本、产品销售费用和缴纳的各项税金及附加的本年发生额应当与附表数据一致；损益表所列净利润应当与利润分配表的数据一致
成本、销售收入和利润分配	结合原始凭证检查成本费用、销售收入、利润分配等各项数据是否准确
各项目数据的明细账与总账是否相符	核对损益表中各项目数据的明细账与总账是否相符。如果在分析核对中发现某些数据变化异常，则需要对疑点做进一步检查
检查企业所得税的计算	结合纳税调整检查企业所得税的计算是否正确，结合明细账和原始凭证详查各扣除项目，注意有无多列扣除项目或扣除金额超过标准等问题

　　这些财务报表对于融资企业来说至关重要，它们可以向投资者展示企业的财务状况，进而影响投资者的投资决策。在准备这些财务报表时，融资企业需要确保报表的准确性和完整性，并按照会计准则和相关法规进行编制。同时，融资企业还需要考虑如何合理地展示企业的财务实力和未来的增长潜力，以吸引投资者的关注和信任。

2.2 投资者尽职调查指南

为确保寻找到具备实力且信誉良好的投资者，融资企业还需要对投资者做一番尽职调查。这一流程不仅关乎双方未来的合作，更关乎企业的长远发展与利益保护。

尽职调查在于深入了解投资者的各个方面，包括但不限于以下几方面。

① 基本情况：详细核查投资者的名称、注册地、注册资本、经营范围及股权结构，确保工商注册信息的合法性与真实性。

② 投资目的与策略：评估投资者的投资目的、历史经验和未来规划，以判断其是否与企业的发展需求相匹配。

③ 经营与财务状况：通过审计投资者的财务报表和经营报告，全面评估其经营状况和财务健康状况，进而判断其投资能力与风险管理水平。

④ 管理团队与治理结构：深入了解投资者的管理团队构成、专业背景及治理架构，以评估其专业能力和管理效率。

⑤ 风险偏好与风险控制：探究投资者对风险的态度和管理策略，确保其在未来合作中能够有效控制风险。

⑥ 历史投资案例：分析投资者过去的投资项目和成果，以评估其投资眼光和决策能力。

⑦ 信誉与声誉：通过多渠道收集信息，了解投资者在业界的信誉和声誉，确保其具备诚信合作的意愿。

⑧ 其他文件：根据投资者的具体需求，提供如市场调查报告、产品测试报告等相关文件。

通过这一系列的尽职调查，融资企业能够更全面、更准确地了解投资者的背景和实力，为后续的合作决策提供坚实依据。同时，这也有助于企业在与投资者合作过程中更好地保护自身利益，降低潜在的合作风险。

2.3 精心策划融资计划书

融资计划书之于企业，犹如个人名片之于个体。融资计划书是初创企业融资成功的基础，一份逻辑清晰、经得起推敲的计划书，能高精准、高质量地向投资者传递特定信息，是快速打动投资者的有效途径，让内部更清晰，让外部更认可。

2.3.1 融资计划书：成功融资的魔法钥匙

融资计划书是一份重要的商业文件，旨在向潜在投资者或机构展示企业或项目的优势及融资需求。该计划书涵盖了投资者所关心的各个方面，包括商业模式、市场分析、竞争分析、财务预测等。因此，撰写一份高质量的融资计划书是融资成功的关键步骤之一。

然而，有些企业在撰写融资计划书时存在不足，导致计划书质量低下，缺乏吸引力。这些表现可能包括文字粗糙、缺乏亮点、内容不全面等，这些问题都可能影响潜在投资者对企业的信心。

为了帮助企业避免这些问题，我们总结了低质量融资计划书的一些表现，如图 2-2 所示。通过了解和避免这些问题，企业可以提高融资计划书的质量，从而增加成功融资的机会。

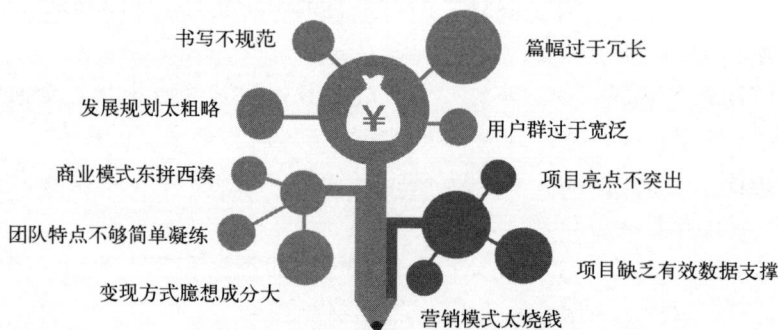

图 2-2　低质量融资计划书的表现

在撰写融资计划书时需要根据企业所处行业、发展阶段、融资资金等相关元素，确定融资计划书的基本框架。如图 2-3 所示是融资计划书要展现的内容，具体包括 10 项。

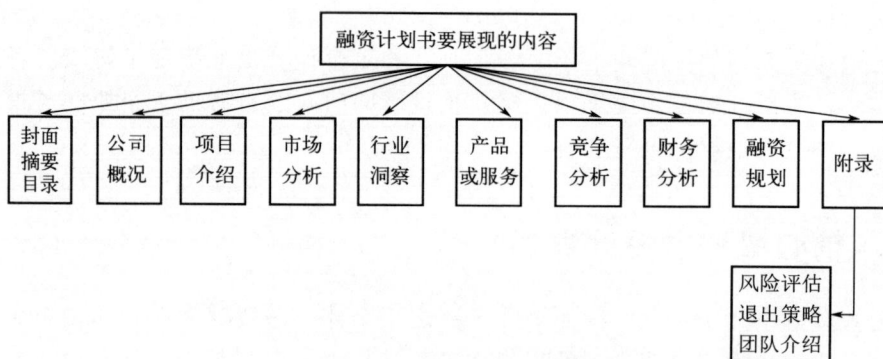

图 2-3　融资计划书的基本框架

2.3.1.1　封面、摘要和目录

封面、摘要和目录是融资计划书最基本的三个组成要素。

（1）封面

封面是融资计划书开头部分，包括融资项目名称、项目团队基本情况介绍等，不必详尽展示项目的全部细节，常规写法如图 2-4 所示。

（2）摘要

为便于投资者对融资项目形成全面的理解而设，是计划书的导读，犹如文书之"凤头"，它以精练的语言概括了项目的核心要素。摘要的撰写需紧密围绕市场核心问题，只有那些深度契合市场需求的项目，方能吸引投资者的关注。此外，摘要的撰写还应注重篇幅的精简，通常以 1～2 页为宜，以避免冗余，力求在全面展示的同时，突出重点，精准传达关键信息。

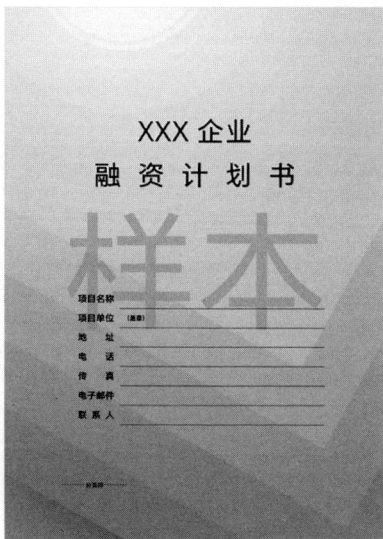

图 2-4　融资计划书封面写法

融资计划书摘要写法如图 2-5 所示。

（3）目录

目录充当着融资计划书"导航系统"的角色，为投资者提供了一个清晰的结构概览。借助目录，投资者能够迅速定位到感兴趣的部分，避免了逐页翻阅。它不仅便于快速浏览和检索信息，还协助计划的制定者确保文档结构和内容的完整性。一个设计精良的目录，能够显著提升融资计划书的实用性和阅读体验。

融资计划书目录写法如图 2-6 所示。

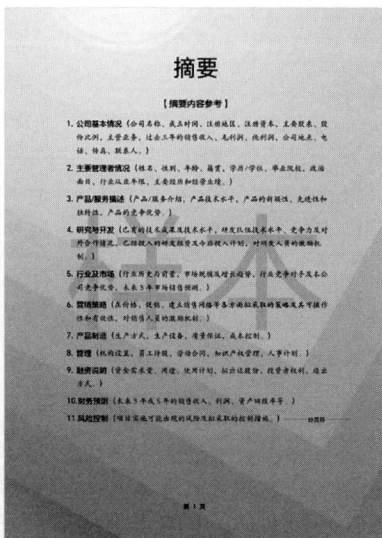

图 2-5　融资计划书摘要写法

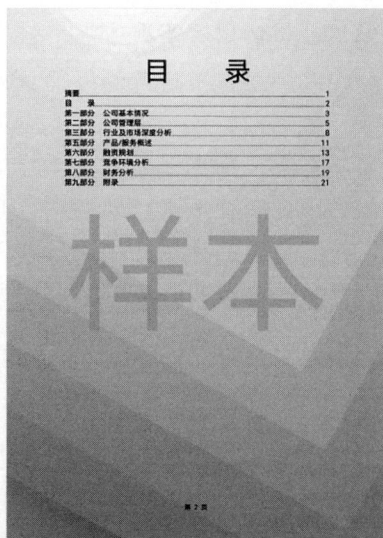

图 2-6　融资计划书目录写法

2.3.1.2　正文

（1）公司基本情况

公司基本情况主要介绍企业基本情况、经营理念、组织结构等（包括但不限于此），有的还会列出创始人、股东及主要管理人员情况。融资计划书公司基本情况常规写法如图2-7所示。

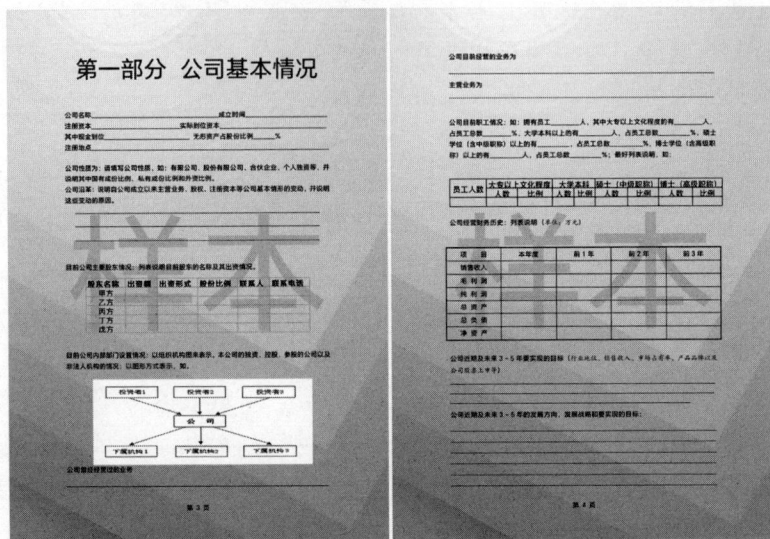

图2-7　融资计划书公司基本情况常规写法

（2）公司管理层情况

公司管理层对于融资的成功具有至关重要的作用。他们的领导才能、专业专长、格局视野以及胸怀等，都直接关系到项目的推进速度和成效。因此，在融资计划书中，必须包含对管理层核心成员的详尽介绍，例如董事长、总经理、项目直接负责人等。

融资计划书公司管理层介绍写法如图2-8所示。

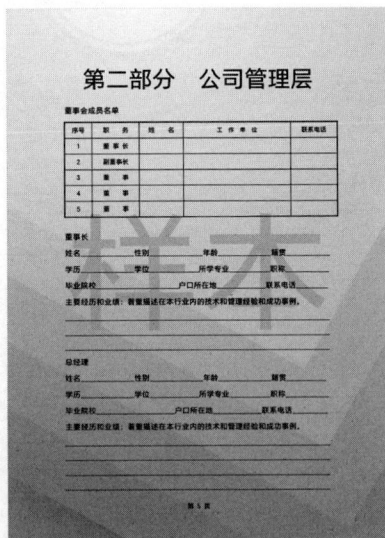

图2-8　融资计划书公司管理层介绍写法

（3）行业及市场深度分析

该部分将介绍企业所处的产业领域的整体状况及目标市场。内容涵盖市场规模、市场增长率、行业发展趋势以及竞争对手分析等。此举旨在展示企业对市场的深刻理解及独特见解，并凸显企业在市场中的竞争优势。

（4）产品/服务概述

该部分详细描述企业所提供的产品或服务的基本情况，包括企业所拥有的设施、设备优势，生产工艺、生产能力优势，以及在质量控制、库存管理、售后服务以及研究与开发方面的实力与策略。

（5）融资规划

该部分明确说明企业所需的融资金额及其用途，阐述资金如何助力企业实现其目标，并介绍融资额度、融资期限、融资用途、保障措施和融资要求等详细信息。

（6）竞争环境分析

该部分针对现有及潜在客户，涵盖市场、规模、发展方向、所属行业、行业发展趋势以及竞争对手构成等方面。此外，还将对市场划分、市场定位以及竞争应对策略等关键因素进行解读。

（7）财务预测与分析

该部分主要对未来五年的营业收入和成本进行估算，并编制销售估算表、成本估算表、损益表、现金流量表等。同时，还将计算盈亏平衡点、投资回收期和投资回报率等关键财务指标。

（8）附录

该部分包含其他重要的参考资料或数据，作为对融资计划书主体部分的补充说明。例如，风险评估、退出策略等内容。

① 风险评估：分析项目在运营过程中可能面临的市场风险、财务风险和运营风险等，并提出相应的管理和降低风险的策略。

② 退出策略：描述清晰项目参与者的退出策略，包括可能的首次公开发行（IPO）、二次出售或回购等方式，以满足投资者在未来某个时间点退出投资的需求。

2.3.2 一份好的融资计划书应该具备什么？

一份全面而有效的融资计划书不仅是筹集资金的工具，更是向潜在投资者和金融机构展示企业战略价值、发展潜力和风险管理能力的关键媒介。一份成功的融资计划书应具有以下 10 个特点。

① 明确性。融资计划必须清晰、精确地传达企业的融资需求和目标，包括具体的融资金额、使用目的及期望的融资期限，这有助于投资者和金融机构迅速理解企业的融资动机和期望。

② 可行性。融资计划应建立在确凿的数据和事实基础上，其中的收益估计及市场份额预测等应基于可靠的市场调研和历史数据，以增强潜在投资者的信任。

③ 合理性。融资计划需要全面评估企业的财务状况、未来资金需求及可行的融资渠道。通过确定适当的融资规模和方式，确保企业的财务稳定和持续发展。

④ 竞争力。在竞争激烈的融资市场中，融资计划应提供具有吸引力的投资条件和预期回报率，包括合理的估值、有竞争力的股息或分红政策以及明确的增长策略。

⑤ 可持续性。融资活动应与企业的长期战略目标相契合，促进企业的可持续发展。

⑥ 合规性。融资计划必须严格遵守相关法律法规和监管要求，确保融资活动的合法性和合规性，包括信息披露、财务报告和公司管理结构等方面。

⑦ 风险控制。融资计划应详细分析企业面临的各种风险，并制定有效的风险控制措施，以降低潜在投资者对风险的担忧。主要包括市场风险、信用风险、流动性风险等，并提供相应的风险缓解策略。

⑧ 动态调整。由于市场环境和企业状况可能随时间变化，融资计划应具备一定的灵活性，以便根据实际情况进行调整，确保计划始终与企业的发展目标保持一致。

⑨ 透明度。保持融资计划的透明度对于建立投资者和金融机构的信任至关重要。企业应定期披露相关信息，如财务状况、经营成果和关键合同等，以便潜在投资者全面了解企业的运营状况。

⑩ 专业性。融资计划的制定需要专业知识和技能的支持。企业应寻求专业财务顾问或投资银行的协助，以确保计划能够充分考虑市场环境、行业趋势和企业实际情况，提供高质量的融资服务。

综上所述，一份好的融资计划书只有具有上述 10 个特点，企业才可以制定出科学、高效的融资计划书，从而吸引更多投资者和金融机构的支持。

2.4　融资计划书编写流程大揭秘

融资计划书对于企业的融资活动具有至关重要的作用，它不仅是企业与投资者沟通的桥梁，更是展示企业价值和发展潜力的关键。为确保融资计划书的质量和效果，企业在编制过程中应遵循以下 4 个步骤。

2.4.1　第 1 步：市场调研，洞悉市场脉搏

在编制融资计划书之前，企业需进行全面的市场调研与分析。这一步骤的重要性不言而喻，正如探险家需要详尽的地图来指引方向，企业也需要通过市场调研来了解市场需求、竞争态势和市场趋势，从而制定出更具针对性和可行性的融资计划。

案例 1

一家初创企业计划推出一款具备健康监测、智能提醒和运动追踪功能的智能手表。在编制融资计划书之前，该企业进行了深入的市场调研，包括目标客户需求分析、市场趋势分析、竞争情况分析以及市场风险评估。

在融资前，该企业进行了市场调研，具体内容如表 2-3 所列。

表 2-3　融资前企业市场调研的具体内容

调查事项	具体内容
目标客户需求分析	通过在线调查、面对面访谈，企业发现目标客户主要为年轻人和健康意识较强的人群。这部分人对智能手表的功能和设计有较高的要求，并且愿意为高品质的产品支付较高的价格
市场趋势分析	企业发现随着人们健康意识的提高和科技的不断发展，智能可穿戴设备市场正在不断扩大。同时，消费者对于个性化、智能化和时尚化的产品需求也在增加
竞争情况分析	企业发现市场上已有一些智能手表品牌，但大多数产品在功能、设计和用户体验方面存在不足。因此，企业认为如果能够开发出高品质的智能手表，将有很广阔的市场前景
市场风险评估	企业评估了潜在的风险，如技术更新迅速、竞争对手的模仿和市场需求的变化等。为了降低风险，企业计划不断更新产品功能、加强品牌宣传和市场推广

通过调研，该企业发现目标客户主要为年轻人和健康意识较强的人群，市场需求旺盛；同时，市场上虽有一些智能手表品牌，但大多数产品在功能、设计和用户体验方面存在不足，因此该企业认为具有较广阔的市场前景。在融资计划书中，企业详细阐述了市场调研的结果，展示了市场需求、竞争情况和商业模式的优势，最终成功吸引了投资者的关注并获得了融资支持。

融资前的市场调研是企业制定融资计划书的重要依据。通过深入了解市场需求、竞争情况和市场趋势等信息，企业可以更好地把握商机并降低风险。

预测市场趋势，拿到最新的市场数据，就可以提前做足应对准备。一方面是向投资者更好地展示自己，让投资者看到自己的价值和实力，增加他们对企业、产品和服务的信心；另一方面是明确竞争对手情况，知道谁是好人，谁是坏人，谁是盟友。这样就能制定出最有效的策略，无论合作还是对抗，都游刃有余。

所以，千万不可轻视市场调研，它是融资计划书的重要部分，也是打开融资成功大门的金钥匙，有助于企业确定项目的可行性及预测未来的增长和盈利能力。

那么，如何进行市场调研呢？可以从如图 2-9 所示的 8 个流程入手。

确定目标市场	明确企业服务的目标市场是什么，包括产品或服务的潜在客户群、他们的需求和购买行为特征等
深入了解目标市场	包括市场规模、现状、未来趋势等。具体可以通过在线调查、访谈、参加行业会议等方式实现
分析市场规模和增长潜力	分析目标市场的规模和增长潜力，可以通过查阅行业报告、财务报告等公开资料，或者进行定制的市场研究来获得更深入了解
明确目标客户群	明确目标客户群，包括他们需求、偏好和购买力。这将更好地满足他们的需求，提高客户满意度
了解竞争对手评估竞争环境	包括产品定价策略、营销手段等。这可以帮助找到产品或服务的独特卖点，以及制定有效的竞争策略
全面评估融资项目	可采用SWOT法，分析其优势(strengths)、劣势(weaknesses)、机会(opportunities)和威胁(threats)。这有助于更加深刻地了解项目的竞争力，以及如何使优势最大化、威胁最小化
明确融资需求	根据分析结果调整融资计划，包括融资的规模、用途、预期的回报等
制定融资策略	基于市场分析、客户分析和竞争对手的分析，制定有效的营销和销售策略，包括定价、分销渠道、促销活动等

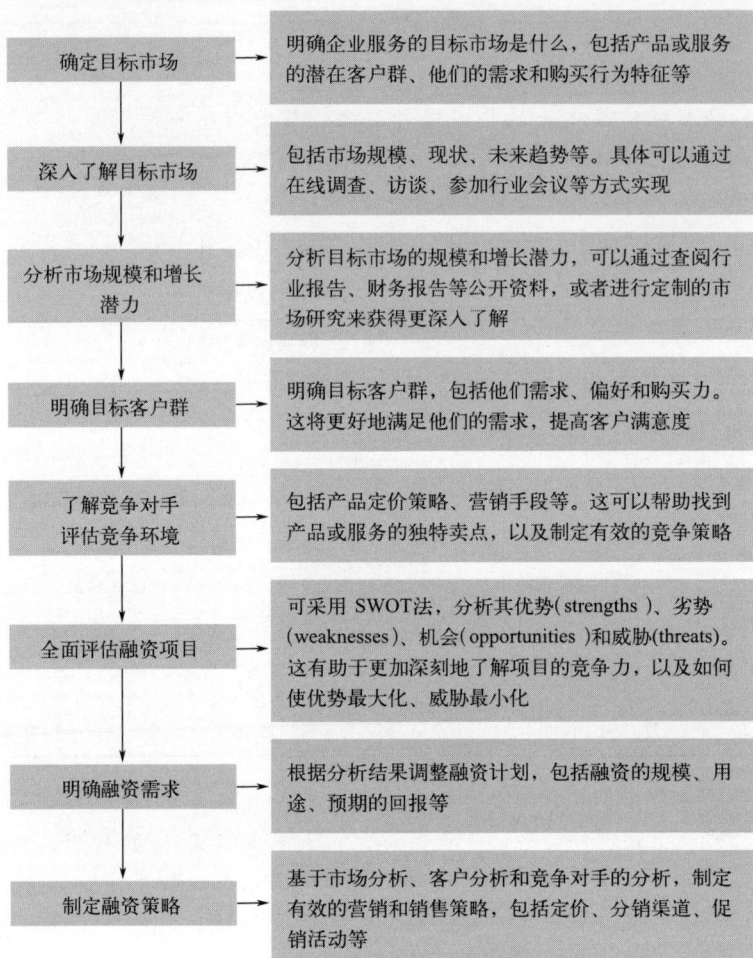

图 2-9　融资前市场调研流程

总之，市场调研是编制融资计划书的首要步骤，企业应充分重视并投入足够的时间和资源。通过市场调研，企业不仅可以更好地了解市场和竞争对手，还可以为投资者提供更加清晰、可信的投资前景，从而增加融资成功的概率。

2.4.2　第2步：梳理内在逻辑，让计划有条不紊

融资计划书是企业为获取资金和资源而描绘的蓝图，而它的底层逻辑是什么？也就是说，从企业角度讲，做这件事情的出发点是什么，为什么而做？没有哪个企业可以理直气壮地说，只要我想融资，投资者就会乖乖地送上。企业得给足让投资者投资的理由，只有投资者感觉"我值得投资"，才会付诸真金白银。

所以，在撰写融资计划上，无论什么行业，针对什么样的投资者，都要遵循如图2-10所示的一条内在逻辑。

| 痛点分析 | 要做什么 | 要如何做 | 项目团队 | 财务分析 | 编写计划 |

无论什么形式的计划书，拨开外衣，内在逻辑就是这样的

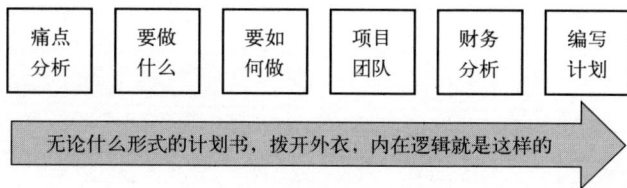

图 2-10　融资计划内在逻辑

接下来就对这一逻辑进行详细阐述。

（1）痛点分析

没有痛点就没有市场，所以痛点要好好写。融资计划书必须能切中投资者的痛点需求，让投资者一眼就喜欢上你的项目。

痛点分析的步骤可以按照图 2-11 所示思路进行。

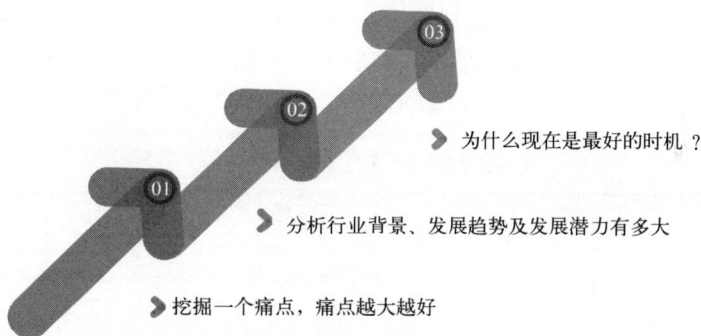

03 为什么现在是最好的时机？

02 分析行业背景、发展趋势及发展潜力有多大

01 挖掘一个痛点，痛点越大越好

图 2-11　痛点分析的步骤

（2）要做什么

痛点分析解决的是市场问题，有了市场，还要知道市场有多大，这个时候就需要有人去解决，也就是说，我们怎么去解决这个痛点。这点必须在计划书中阐述清楚，让投资者明确企业融资准备怎么做。

回答这个问题包括但不限于以下内容：

① 阐述清楚企业提供的产品或服务，优势在哪里；

② 阐述清楚资金的用途，以及如何分配等；

③ 阐述清楚产生的既得利益及预期利益。

（3）要如何做

如何做出针对问题的解决方案，这是计划书中的重点，也是难点。企业作为融资方，必须向投资方阐述清楚，当遇到问题时采用什么样的解决方案。

在制定解决方案时要基于两点去做，一是自己的投资者是谁，有哪些特点；二是自身的优势，可采用 SWOT 分析法。

（4）项目团队

在介绍团队时，可以从如图 2-12 所示的 3 个方面入手。

图 2-12　团队介绍 3 方面内容

（5）财务分析

在财务分析这一块，大多数融资企业做得比较模糊让投资者看了似懂非懂。其实，这点非常重要，而且需要找专业人员来做，要简单、真实、清晰地表达出来。

通常而言，需要展现出如表 2-4 所列的内容。

表 2-4　财务分析具体内容

事项	具体内容
财务预测	对未来一定时期内的收入、成本、利润进行预测，并制定相应的财务计划
盈利能力分析	通过分析公司财务报表，评估公司的盈利能力，包括毛利率、净利率、总资产收益率等指标
偿债能力分析	通过分析公司的财务报表，评估公司的偿债能力，包括流动比率、速动比率、资产负债率等指标
经营效率分析	通过分析公司的财务报表，评估公司的经营效率，包括存货周转率、应收账款周转率、总资产周转率等指标
财务风险提示	根据财务分析的结果，对可能存在的财务风险进行提示，并制定相应的风险控制措施
制定财务分析方案	针对不同投资者和融资需求，制定不同的财务分析方案和融资计划
评估财务状况	比较行业标准和公司历史数据，更好地评估公司财务状况、发展前景

（6）开始编写

这一部分主要是做融资计划书的编写工作。具体步骤已在"2.3　精心策划融资计划书"一节中详细阐述，这里不再赘述。

2.4.3　第 3 步：突出项目亮点，吸引投资者关注

在编制融资计划书时，说服力和吸引力至关重要，而这主要源于对项目核心优势的精准提炼。投资者在审阅计划时，首先关注的是那些能够迅速抓住其注意

力的关键信息。若计划书开篇即是繁杂且无关紧要的内容，即便后续部分干货满满，投资者也可能失去兴趣。相反，若开篇即突出项目的核心优势和创新点，则更有可能引发投资者的深入阅读兴趣，激发投资意愿。

以某企业的智能农业项目为例，其融资计划书中的项目优势提炼如下。

案例 2

通过引进尖端农业技术，结合智能化设备，大幅提升了生产效率和产品质量。同时，该项目坚守环保与可持续发展的理念，采用生态友好的生产方式，旨在最小化对环境的影响。

在介绍过程中，凸显出该项目四大核心优势。

① 市场前景广阔：随着公众对食品安全和健康问题的日益关注，智能农业市场潜力巨大，为项目带来了广阔的发展空间和商业价值。

② 技术领先：项目采纳了最前沿的智能化技术，不仅提升了生产效率和产品质量，还降低了人工成本和资源消耗。

③ 环保可持续：项目致力于环保与可持续发展，其生态友好的生产方式与当前社会的环保诉求高度契合。

④ 专业团队运作：项目团队汇聚了农业、技术、管理和营销等领域的精英，为项目的顺利推进和持续发展提供了坚实的人才保障。

正是这些精准的核心优势，成功吸引了投资者的目光，最终促成了融资的成功。因此，在融资计划书中，必须重点突出那些能够吸引投资者的项目亮点，如市场地位、团队实力、供应链优势、商业模式及市场潜力等。

一个项目的亮点通常包括如表 2-5 所列的几个方面。

表 2-5　项目亮点具体内容

亮点	具体内容
商业模式	展示企业独特的商业模式和盈利路径，说明企业如何通过创新和差异化竞争在市场中脱颖而出。解释企业的收入来源、成本结构、定价策略及盈利预期，以证明企业具有可行性和盈利能力
市场潜力	强调企业所处的市场空间巨大，具有可持续增长和盈利潜力。同时，提供有关市场规模、增长趋势和竞争格局的详细信息，以证明企业具有吸引力和竞争优势
产品或服务	清晰地描述企业的产品或服务，以及它们是如何满足客户需求的。突出独特卖点和竞争优势
技术创新	突出企业在技术方面的优势和创新实力，说明企业所拥有的技术是否具有核心竞争力，能否为企业带来竞争优势和增长机会。提供有关技术的详细信息，包括技术特点、知识产权和研发实力，以证明企业具有技术领先性和可持续创新能力

亮点	具体内容
执行团队	强调企业拥有一支高素质、专业化和经验丰富的团队，具备实现企业愿景和目标的能力和执行力。展示团队成员的背景、经验和技能，以及他们在企业中的角色和贡献，以证明团队具有足够的实力来推动企业的发展
风险应对能力	强调企业具备完善的风险管理和控制机制，能够有效应对市场风险、竞争风险和管理风险。展示企业对风险的识别、评估和控制能力，以证明企业具有稳健的经营基础和可靠的未来发展前景
与投资者的关系	强调企业重视投资者关系管理，提供透明的信息披露和沟通渠道。通过与投资者的良好互动和合作，建立互信关系，提升企业在资本市场的知名度和声誉

每个项目都有其独特的优势，在撰写融资计划书时，需根据实际情况进行深入分析和精准呈现。针对投资者的关注点，有针对性地展示项目的核心优势，从而吸引投资者的兴趣和关注。同时，以简洁明确的语言描述出来，便于投资者阅读。

2.4.4　第4步：建立公平的回报机制，确保利益分配合理

融资计划书的最后一步是明确投资者能获得哪些回报，并确立切实可行的回报机制。回报机制主要指的是投资者对其投资所期望获得的回报的具体安排。这一机制将详细阐述投资者如何从他们的投资中获得收益，以及这些收益的预期规模和时间线。在双方尚未签署正式合同的情况下，建议制定一份融资协议，以便双方对后续信息进行跟踪，从而确保融资过程的顺利完成。

回报机制通常有4种类型，如图2-13所示。

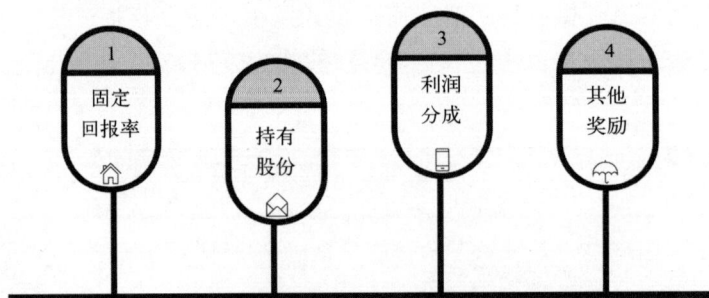

图2-13　融资计划中的4类投资者回报机制

（1）固定回报率

固定回报率是常见的回报方式，即投资者根据事先约定的固定回报率获得收益，不受企业经营业绩的影响。

（2）持有股份

投资者通过获得企业股份成为股东，从而参与企业的决策过程，并根据企业的发展状况长期获得回报。

（3）利润分成

在利润分成方案中，投资者的回报取决于企业的盈利状况。这种安排相对灵活，但也可能伴随更大的风险，因为投资者仅能在企业盈利后获得分成。

（4）其他奖励

除了上述几种方式外，还可以设立额外的奖励机制，例如当企业达到特定的业绩目标时，投资者可获得额外的回报。

在制定回报机制时，需要综合考虑投资者的风险承受能力、企业的经营状况以及行业发展趋势等因素。同时，回报机制应清晰透明，确保所有相关方的利益得到保障，以确保回报机制符合法律法规，并最大限度地保护各方的利益。

2.5　融资计划书编制注意事项

融资计划书作为企业与潜在投资者或机构沟通的桥梁，其重要性不言而喻。一份精心编制的融资计划书不仅能够充分展示企业的潜力和价值，还能显著提高融资成功率。在编制过程中，以下几个关键要素需特别关注。

首先，数据的准确性与真实性是融资计划书的基础。任何夸大或隐瞒的行为都可能损害企业的信誉，进而影响投资者的决策。因此，企业在编制计划书时，应确保所有数据和信息来源于可靠渠道，并避免误导投资者。

其次，融资计划书应力求简洁明了，突出企业的核心吸引力。投资者或机构通常更关注企业的核心业务和未来发展潜力。因此，在编制计划书时，企业应聚焦于这些关键内容，以便投资者能够快速了解企业的核心价值和优势。

此外，多次审核与修改是确保融资计划书高质量呈现的关键步骤。企业应通过持续改进的过程，发现并解决潜在问题。同时，寻求专业人士或顾问的评估和指导也是提高融资计划书质量的有效途径。

在融资计划书中充分展示企业的潜力并进行风险分析，这不仅能够增强投资者对企业的信心，还有助于提高融资成功率。企业应在融资计划书中全面展示自身的市场前景、竞争优势和技术创新能力等方面，同时客观评估可能面临的风险和挑战，并提出相应的应对策略。

最后，个性化和定制化的融资计划书能够更好地满足特定投资者的需求。企业在编制融资计划书时，应根据目标投资者的特点和需求进行相应调整，以提高融资成功率。

总之，融资计划书是企业融资过程中的重要工具。通过关注数据准确性与真实性、简洁明了、多次审核与修改、充分展示企业潜力与风险分析以及个性化与定制化等关键要素，企业可以编写出高质量的融资计划书，为企业的未来发展注入新的动力。在未来的发展中，企业应继续重视融资计划书的编制工作，不断完善和优化，以更好地满足市场需求和投资者期望。

2.6 选择正确的融资方式

企业融资是企业成长过程中不可或缺的一环，针对不同需求，如融资目的、金额及对风险的承受能力等，灵活采用适宜的融资方式。对于初创企业而言，常用的融资方式主要包括以下 7 种。

(1) 股权融资

股权融资作为企业重要的融资途径之一，其核心优势在于通过引入投资者，企业得以获取资金、经验及人脉等多方资源，加速成长进程。

然而，股权融资的稳定性与企业的运营状况和业绩表现密切相关，若企业能够持续创造价值，则股权融资将成为其稳定的资金支持来源。同时，股权融资也有一定风险，那就是若企业经营不善可能导致投资者撤资或要求更多权益，进而影响企业稳定性。因此，在采用股权融资时，企业应审慎权衡利弊，确保与投资者建立稳固的合作关系，并合理规划利润分配与经营决策。

(2) 股权众筹融资

股权众筹融资作为互联网金融时代的新兴融资方式，通过互联网平台聚集众多投资者共同投资企业。此种方式降低了投资门槛，充分利用了大众力量进行资金筹措，同时也对参与者的专业素质、风险承担能力等各方面提出较高要求。

股权众筹的核心在于将股权广泛分散至广大个人投资者手中，实现股权的多元化和分散化，降低单一投资者对企业的影响力。然而，在股权众筹过程中，企业需要确保信息披露的透明度和准确性，以维护投资者利益和市场信心。

(3) 天使轮融资

天使轮融资是指通过天使投资而获取资金。天使轮融资是企业发展初期常用融资方式，主要针对处于种子期或启动期的企业。天使融资以高风险、高收益为特点，旨在为企业提供初始资金支持，助力其快速成长。对于企业而言，天使轮融资不仅解决了资金问题，还有助于扩大业务规模、优化产品结构，为企业后续发展奠定基础。然而，由于天使融资通常规模较小，且投资者对企业的发展前景和盈利能力有较高要求，因此初创企业在寻求天使融资时需充分展示自身潜力和价值。

(4) 风投融资

风投融资（VC），顾名思义是通过风投获取资金的一种融资方式，主要针对处于发展中期的高新技术企业。风投融资亦为企业带来了资金、管理经验和市场资源等方面的支持，有助于企业加速成长和拓展市场。风投融资具有较高的风险性，因为企业在这一阶段盈利不稳定，且项目前景尚存不确定性。企业在考虑风险投资时，需全面评估自身的发展阶段、资金需求、市场前景等因素，确保与投资者建立良好的合作关系，共同推动企业发展。

（5）私募融资

私募简称 PE，即 private equity 的缩写，是一种机构投资行为，其投资规模通常较大。该投资方式旨在推动非上市企业实现价值增长，并最终通过上市、并购、管理层回购或股权置换等渠道实现持股变现与退出。

私募融资对企业具有积极意义，但也伴随一定的风险。首先，企业往往处于发展初期，缺乏稳定的经营历史与财务数据，使得投资者难以精准评估其价值与未来发展潜力，进而增加了融资难度，企业需要付出更多努力以吸引投资者关注。其次，私募融资涉及复杂的合同与协议，涵盖诸多条款与细节。若初创企业缺乏足够的法律知识与经验，可能面临合同条款不明确、权益分配不合理等风险，进而引发未来纠纷或冲突，影响企业正常运营。

此外，私募融资亦可能导致企业控制权被稀释。随着投资者的加入，企业股权结构可能发生变化，创始人与管理团队的控制权可能受到挑战，进而可能影响企业战略方向或导致管理层更迭，不利于企业稳定与持续发展。

然而，尽管存在风险，私募融资对企业而言仍是一种关键的资金来源。通过私募融资，企业可获取必要的资金支持，推动业务发展与技术创新。因此，在私募融资过程中，企业应审慎选择投资者，制定科学的融资方案，并加强与投资者的沟通与协作，以规避风险并实现互利共赢。

（6）债权融资

债权融资与企业关系紧密，主要通过借款方式筹集资金，资金来源于银行、金融机构或其他投资者。在企业早期阶段，资金需求迫切，债权融资可有效缓解资金压力。通过借款，企业可获取运营资金，支持其业务发展与扩张。

然而，债权融资亦需企业注意相关风险。首先，债权融资需承担利息负担，增加企业财务成本，因此企业需评估自身还款能力，确保按期偿还债务。其次，债权融资可能对企业的经营决策产生一定限制，债权人通常会对借款用途及企业经营状况进行监督。因此，企业需权衡债权融资带来的利益与潜在限制。

此外，企业在选择债权融资时，应结合实际情况制定融资策略，包括评估自身信用状况、选择合适的债权人及制定科学的还款计划等。同时，企业可考虑与金融机构或专业机构合作，以获取更优惠的融资条件及更专业的融资建议。

（7）贷款融资

贷款融资作为企业获取资金的重要方式，有助于企业实现业务扩展、产品研发及市场推广等目标。在申请贷款时，企业应注重与金融机构的沟通与合作。通过积极与金融机构沟通，阐述企业的业务模式、市场前景及还款计划，有助于获得金融机构的信任与支持。同时，与金融机构建立良好合作关系，有利于企业在未来获取更多融资机会。

此外，企业还可考虑其他融资方式，如股权融资、天使轮投资融资及股权众筹融资等。这些融资方式各具特色，企业可根据自身情况及需求灵活选择。同时，在申请贷款融资时，企业应充分了解相关法律法规及风险，仔细阅读合同条款，确保自身权益得到保障。同时，合理规划资金使用，使贷款资金发挥最大效益。

第**3**章

股权融资：精准寻找理想合作伙伴

资金短缺常常成为制约初创企业进一步发展的关键。股权融资可为企业引入战略合作伙伴。这样的合作者不仅可以为企业提供资金支持，更能在战略规划、市场扩张等方面提供有力支持，助力企业在激烈的市场竞争中稳步前行，从容应对各种挑战。

3.1 股权的定义：揭开股权的"神秘面纱"

股权，即股东在企业中拥有的权益，这是一种综合性权利，涵盖人身权益和财产权益两个方面。它不仅是股东对企业所持有的权益的象征，也是股东对企业投资和贡献的体现。股权代表着股东在企业中的地位和影响力，是股东参与决策和分享利润的基础。

3.1.1 什么是股权

股权对于企业的融资活动具有深远的影响，特别是对投资者的信心产生重要作用。当股权分配合理、权益平衡时，能够增强投资者对企业的信心，促进融资活动的顺利进行。相反，如果股权集中度过高或权益分配不平衡，可能会对投资者的信心产生负面影响，进而影响企业的融资效果。

以一家初创科技公司为例。

案例1

某初创科技公司在产品研发、生产和市场推广过程中面临资金短缺的问题。通过与投资者协商，公司成功达成股权融资协议，吸引了资金注入并获得了一部分股份。这为公司提供了资金支持，使其能够顺利推进产品研发和市场拓展。随着产品成功进入市场并获得良好口碑，公司的估值不断提升。随后，公司成功吸引了更多投资者和合作伙伴，进一步加速了其市场扩张和业务发展。最终，该公司成为行业领导者，为投资者和合作伙伴带来了丰厚的回报。

这一案例充分展示了股权融资对于初创企业发展和壮大的重要作用。

在探讨股权融资之前，我们需要先了解股权及其类型。股权是有限责任公司或股份有限公司股东享有的综合性权利，包括人身和财产权益。广义上，股权涵盖了股东可以向企业主张的各种权利；狭义上，股权主要指股东基于其股东资格而享有的、从企业获得经济利益并参与企业经营管理的权利。投资者购买企业股份即成为企业股东，购买股份越多，股权越大，对企业的话语权和影响力也越大，同时获得的股息也越多。

3.1.2　企业中两大核心股权

在整个股权体系中，有两大核心股权，一个是创始人股权，另一个是合伙人股权。两大股权在企业中都有重要地位和作用，但两者有很大的区别。

创始人股权、合伙人股权含义及意义如图 3-1 所示。

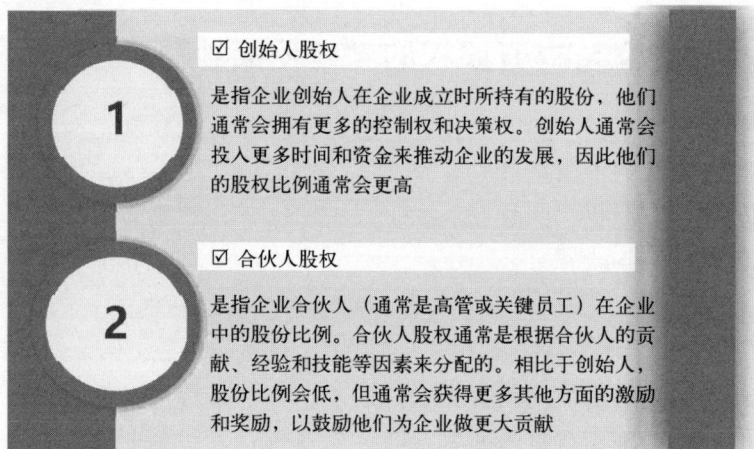

☑ 创始人股权
是指企业创始人在企业成立时所持有的股份，他们通常会拥有更多的控制权和决策权。创始人通常会投入更多时间和资金来推动企业的发展，因此他们的股权比例通常会更高

☑ 合伙人股权
是指企业合伙人（通常是高管或关键员工）在企业中的股份比例。合伙人股权通常是根据合伙人的贡献、经验和技能等因素来分配的。相比于创始人，股份比例会低，但通常会获得更多其他方面的激励和奖励，以鼓励他们为企业做更大贡献

图 3-1　创始人股权、合伙人股权含义及意义

（1）创始人股权比例探讨

通常情况下，创始人持有的股份越多，其在企业中的地位及对企业的控制力越稳固。依据《中华人民共和国公司法》相关规定，股份有限公司的发起人在公司设立阶段所认购的股份不得低于公司总股份的 35％。然而，此规定并非绝对，实际股权比例还需根据公司的实际情况和商业计划进行调整。在实践中，有的创始人持有的股份低于 35％，有的则远高于此比例，而持股 50％ 以上的情况亦相当普遍。

因此，创始人应持有多少股权并非一成不变，而是需根据企业的具体情况进行综合考虑。这些因素包括但不限于创始人的出资额、对企业的贡献、所承担的风险以及企业的商业计划等。在确定具体股权比例时，建议与投资者、法律顾问

或专业机构进行深入沟通，以确保股权分配公平合理、公开透明，并符合相关法律规定。

（2）合伙人股权比例探讨

关于合伙人应持有的股份比例，国际上有一定的公认标准。根据国际公司治理学界的界定，持有公司 50% 的股份被视为绝对控股的界限，而持有 20%～25% 的股份通常被认为是控股股东所必需的持股比例界限。然而，与创始人股权比例相似，这一标准并非绝对，而是需要根据多种因素进行综合考虑。这些因素包括企业的规模与盈利状况、行业特点以及市场竞争情况等。

因此，在确定合伙人应持有的股权比例时，应综合考虑各种因素，并根据企业的实际情况和商业计划进行灵活调整。同时，确保股权分配符合相关法律法规的要求，维护企业的稳定发展和股东的利益。

合伙人持有股份尽管没有具体占比，但有一点是肯定的，那就是必须严格遵循原则，以确保企业股权机构的健康运行。这些原则可以归纳总结为如表 3-1 所列的 4 项。

表 3-1　合伙人股份分配原则

原则	具体内容
平等性原则	合伙人之间应该平等分配股权，在具体分配时，应该考虑各合伙人对企业的贡献、承担的风险和责任等因素，进行合理评估和分配
明确性原则	在确定合伙人数和持股比例时，设立之初就应该明确各股东之间的出资额、占股比例关系，并与各个合伙人沟通和约定，明确体现在公司章程或协议中
与利润挂钩原则	制定合理的利润分配制度也是非常重要的。企业应该建立完善的内部利润分配机制，并根据各合伙人持股比例进行分红
权责统一原则	在合伙人股权分配时，还需要注意法律责任承担。例如，如果发生股份代持行为，就需要承担相应的法律责任

合伙人股权分配是初创企业中一个需要谨慎对待的问题，涉及企业未来的发展、股东的权益和责任、企业治理结构等多个方面。对于不同类型的企业和业务模式，股权分配的形式也会有所不同。在实践中，需要根据具体情况灵活处理。

3.2　设计股权架构：打造企业内部稳定的"魔法阵"

在企业设立之初，需要先对股权架构进行科学、合理的设计。合理的股权架构，从短期看，能大幅提升企业的融资能力，让股东利益最大化；从长期看，有助于促进企业的长远发展，提升管理水平和市场竞争力。

3.2.1　四种典型的股权架构

股权架构设计是确立企业内部股东间所有权与权益关系的关键环节。股权架构，即股份制公司中各类股份的占比及相互关系，必须按照一定的结构进行配置。基于股权构成及各股东持股比例的不同，股权架构可分为如图 3-2 所示的 4 种形式。

①集中股权架构
全部或大部分股份集中在少数股东手中，创始人和控股股东拥有绝对控制权

②分散股权架构
股份广泛分散在众多股东手中，而每个股东所持有的股份比例都很低

③混合股权架构
既有一定数量的控股股东，也有大量的小股东

④均衡股权架构
介于集中和分散之间，存在于几个相对较大股东之间，形成相互制衡关系

图 3-2　公司股权架构常见的 4 种形式

（1）集中股权架构

集中股权架构是指全部或大部分股份只集中在少数股东手中。最大特点是权力比较集中，股权由创始人或少数股东持有，对企业拥有绝对控制权，在重大计划和决策上拥有充分话语权。

在我国，集中股权架构是主流，这一结论是结合沪深两市上市企业数据，对比国际公司治理学界标准得出的。

股权分置改革前，也就是 2005 年，在 1289 家上市企业中，超过半数企业的第一大股东持股比例在 65% 以上，低于 45% 的企业仅有 260 家。从整体上看，处于单一股东绝对控制的企业占到 80%，第一大股东的平均持股比例为 61.43%，高于国际公司治理学界公认的最科学占比 50%。

这表明，在股权分置改革之前，我国上市企业的股权结构存在显著的"一股独大"现象以及股权过度集中的问题。

在完成股权分置改革后，第一大股东的持股比例呈现下降态势。以 2008 年 6 月的数据为例，沪深两市 A 股市场中，超过 80% 的企业的第一大股东持股比例降低至约 20% 的水平，其中沪市占比 84.95%，深市占比 86.52%。与此同时，第二大股东的持股比例也显著下降，普遍低于 10%，其中沪市占比 77.13%，深市占比 59.83%。这一变化表明，绝对控股企业的数量有所减少，而相对控股企业逐渐成为主流形态。

集中股权架构作为一种典型的绝对控制结构，其特点在于便于实现统一管理和高效决策，同时保持较强的稳定性。然而，这种股权架构也存在一些明显的劣势。由于权力过于集中，往往会导致"一股独大"的问题。

例如，当企业的重要决策权掌握在少数人手中时，可能会损害决策的民主性。此外，对于潜在投资者而言，如果无法获得足够的股权份额和决策权，他们的投资意愿可能会降低，从而限制了企业吸引更广泛资本来源的能力。因此，企业在选择股权架构时，需要权衡集中股权架构的优劣势，并根据自身实际情况做出合理的选择。

集中股权架构的优劣势对比如图 3-3 所示。

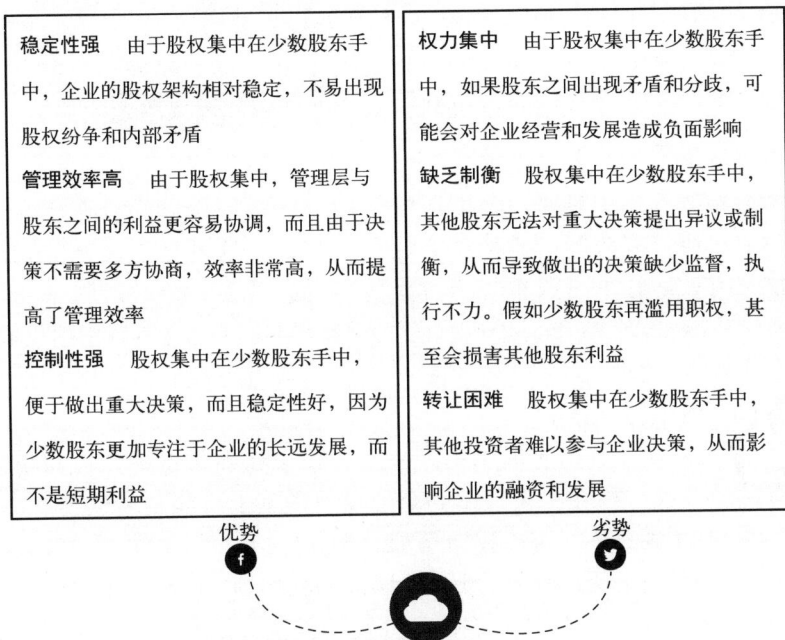

稳定性强　由于股权集中在少数股东手中，企业的股权架构相对稳定，不易出现股权纷争和内部矛盾

管理效率高　由于股权集中，管理层与股东之间的利益更容易协调，而且由于决策不需要多方协商，效率非常高，从而提高了管理效率

控制性强　股权集中在少数股东手中，便于做出重大决策，而且稳定性好，因为少数股东更加专注于企业的长远发展，而不是短期利益

权力集中　由于股权集中在少数股东手中，如果股东之间出现矛盾和分歧，可能会对企业经营和发展造成负面影响

缺乏制衡　股权集中在少数股东手中，其他股东无法对重大决策提出异议或制衡，从而导致做出的决策缺少监督，执行不力。假如少数股东再滥用职权，甚至会损害其他股东利益

转让困难　股权集中在少数股东手中，其他投资者难以参与企业决策，从而影响企业的融资和发展

优势　　　　　　　　　　劣势

图 3-3　集中股权架构的优劣势对比

因此，在考虑采用集中股权架构时，必须全面审视企业的实际情况、管理需求及相关法律法规的制约。同时，建立健全的治理结构和监督机制至关重要，以确保股权架构的优化与企业长期发展的相互促进。

以三一重工为例。

案例 2

三一重工，中国工程机械行业的领军企业，在国内外市场展现出强大的竞争力。其成功的背后，除了技术实力和品牌影响力外，股权架构亦发挥了关键作用。

三一重工的股权架构呈现集中特点，大股东持有大量股份，对企业经营决策具有显著影响。这种股权集中为大股东提供了足够的动力和资源，推动企业发展。与股权分散的企业相比，大股东更能专注于企业的长远发展，制定更为科学合理的战略规划。此外，股权集中有助于企业的稳定发展，减少股东间的利益冲突和内耗，使大股东的利益与企业整体利益更加一致。

然而，股权集中也存在一定风险，如大股东决策失误可能给企业带来巨大损失。因此，三一重工在股权集中的同时，建立了完善的监督机制和风险防范机制，以防止"一言堂"现象的发生。

综上所述，三一重工的股权架构是其成功的关键因素之一。通过股权集中，企业实现了资源的高效整合、决策效率的提升和自身的稳定发展。然而，企业也需要不断完善监督机制和风险防范机制，以确保企业的健康稳定发展。

（2）分散股权架构

与集中股权架构形成对照，分散股权架构指的是股份广泛分布于众多股东之中，但每位股东所持有的股份比例相对较低且相近。这种结构的优势在于权力的分散性，能够有效防止单一股东权力过大的情况。通常，分散股权架构的比例可能为30％∶20％∶20％∶20％∶10％。这种股权架构可能由多位创始人共同持有，由于股权分布零散，重大决策需要股东间达成一致方可执行。因此，这种股权架构通常具备以下两个特点：

① 股东之间的相互制衡有助于提升决策的民主性和科学性，但与集中股权架构相比，分散型股权架构在决策效率和企业反应速度上可能稍显逊色。

② 形成重大事项的一票否决权。例如，在30％∶20％∶20％∶20％∶10％的股权架构中，即使持有30％股权的股东为第一大股东，也无法在股东会层面形成66.67％的绝对控制或51％的相对控制，如需形成决策，必须联合其他股东。

然而，分散股权架构亦存在不足之处，即股权的分散性可能导致执行力度不足，股东的监督行动可能会减弱，因此，需要依赖企业治理机制和外部监督来进行约束。

（3）混合股权架构

混合股权架构既有一定数量的控股股东，也有大量小股东，包含不同股权类型，如普通股、优先股、可转换股等。不同类型股对应的权利不同。例如，优先股通常具有优先权，获得的收益最多，在特定条件下也可转换为另一种股。

混合股权架构的优势如表 3-2 所列。

表 3-2   混合股权架构的优势

优势	具体内容
吸引更多投资者	吸引多层次的投资者，为企业提供融资上的更多灵活性和战略选择
优化融资结构	帮助企业优化融资结构，以满足不同阶段和不同用途的资金需求
增强融资灵活性	企业可在不同阶段、不同情境下调整股票的权利和特点，以适应企业的战略需求
降低融资风险	通过将股票分成不同类型，降低投资者的风险

然而，混合股权架构也存在一些问题。比如，信息披露问题。不同种类的股票权利，可能会导致企业信息披露更加复杂和烦琐。再比如，监管风险问题。不

同国家、不同地区的监管机构对混合股权架构的态度存在差异，企业若不充分了解当地的法律法规相关规定，很可能引发不必要的法律问题。

因此，在采用混合股权架构时，企业需要充分考虑其战略需求、融资需求、投资者需求以及当地的法律法规等因素，并进行全面的风险评估和利益权衡。

（4）均衡股权架构

均衡股权架构是一种介于集中与分散之间的股权结构，主要特点是存在数个相对较大的股东，彼此之间形成一定的制衡关系。这种架构的优点在于避免了过度集权和过度分散的缺陷，有助于提高企业的稳定性和治理水平。在均衡股权架构中，股东之间的股权比例大致相当，若某股东股权稍少，可通过其他股权进行补充。因此，无法形成明显的大股东与小股东之分，所有股东在企业中的权利和责任均相近，各股东之间不存在控股与被控股的关系。

案例 3

一家企业在初创阶段，其创始人所投入的资源呈现出多样性，涵盖资金、场地、技术、销售渠道以及关系网络等诸多方面。为确保团队内部的和谐协作，并预防潜在的长远发展障碍，该企业采用均衡股权架构，根据每位创始人贡献的差异，进行公正、公平的股权分配。

在进行股权分配时，该企业首先对各创始人的贡献进行了量化评估，以确定其应得的股权比例。此外，该企业还特别注重区分合作者与合伙人两类角色。对于出资额较高但实际贡献较小的合作者，仅赋予其较小的股权比例；而对于全身心投入并作出实质性贡献的合伙人，则根据其出资额和贡献程度，给予相应的股权比例。

通过此种股权分配策略，该初创企业成功实现了股权结构的均衡配置。每位创始人均获得了与其贡献相匹配的股权比例，这不仅有效激发了团队成员的积极性和创造力，也为企业的长远发展奠定了坚实的基础。

均衡股权架构的优势主要表现在如表 3-3 所列的 3 项。

表 3-3　均衡股权架构的优势

优势	具体内容
平衡控制权和利益索取权	均衡股权架构可以平衡企业控制权和利益索取权，防止一股独大或控股股东滥用控制权的情况发生，从而保护中小股东的利益
避免股东僵局	均衡股权架构可以避免形成股东僵局，因为所有股东都有平等的权利和义务，可以更容易地协商和解决问题
降低代理成本	由于各个小股东方所占份额相同且相互独立存在，当某个小股东方需要增加注册资本时无需通知其他的小股东方以获得同意；同样地，当某个小股东需减少注册资本时也无需通知其他的小股东方以减少注册资本，从而降低代理成本

均衡股权架构存在的问题是，当企业在面对重大且紧急的决策时，往往缺少拍板的人。因为，大家拥有的权力都差不多，谁也无权下最终决定（需要所有股东一致同意），这极有可能会影响决策效率。尤其是股东之间存在利益冲突时，这个决定可能会"流产"。

因此，采用均衡股权架构的一个重要前提是，各个股东的世界观、人生观和价值观要高度一致，相互理解，相互信任。如果存在分歧，也可以通过充分沟通、协商等方式来解决问题，以达到最佳的合作效果。

3.2.2 股权架构"六步法"：一步步构建企业的"魔法阵"

初创企业在构建股权架构时需要严格按照步骤进行，以确保股权结构设计既科学合理又接地气。若步骤混乱，不仅无法助力企业的顺利融资，反而可能造成阻碍。那么，初创企业设计股权架构应遵循什么样的步骤呢？

3.2.2.1 第一步：选择股东，找到志同道合的伙伴

股权架构设计的首个步骤在于确定股东身份，这是构建股权结构的基础。选择股东必须极其慎重，因为这将直接决定企业的运营成效乃至成败。那么，应如何选择股东呢？需要综合考量如图3-4所示的5个维度。

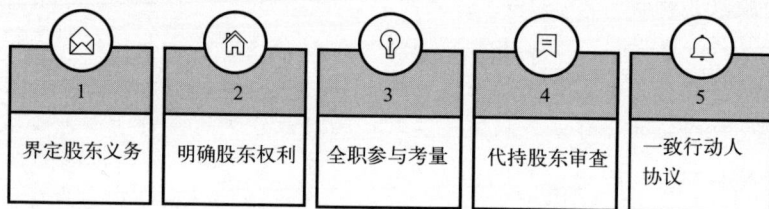

图3-4 确定股东需要考虑的5个维度

（1）界定股东义务

界定股东义务主要围绕出资义务展开，如出资方式和出资时间等。股东需明确各自的出资方式（如货币、实物、劳务、知识产权和土地使用权）及出资时间。对于非货币出资，需提供由第三方资产评估机构出具的资产评估说明书，并换算成相应的货币金额。

（2）明确股东权利

股东权利的核心在于表决权、分红权和增值收益权，具体内容如表3-4所列。

表3-4 股东的三大权利具体内容

股东权利	详细内容
表决权	股东有权按照其持有的股份比例，对企业重大事务进行表决

股东权利	详细内容
分红权	股东有权基于其股东身份请求企业分红
增值收益权	股东享有股权的资本利得权，即企业成长带来的股权价值增值

1）表决权大小

表决权是股东的基本权利，不受企业章程或股东大会决议的限制。表决权的行使体现了股东的利益和要求，但也可能影响企业和其他股东的利益。

此外，表决权是单独股东权，每一股份所代表的表决权是平等的。股东表决权的大小与所持有的股权比例成正比。在有限责任公司中，股东大会按出资比例行使表决权；在股份有限公司中，股东每持有一股即享有一票表决权。大股东通常只需掌握 30%～40% 的普通股即可左右股东大会的表决权，从而控制该企业。因此，股东表决权的分配和行使对企业的决策和运营具有重要意义。

2）分红权大小

当企业盈利时，股东有权根据股东大会的分红决议享受一定的分红请求权。分红包括股息和红利两种形式。股息是企业按固定比例向股东支付的利息；红利则是股东在企业分配股息后按持股比例获得的剩余利润，分红的分配遵循的是公平、合理和无偏见原则。

3）增值收益权大小

股东的增值收益权主要体现在资本利得上。若企业具有良好的成长性，股权价值可能随时间增长，从而为股东带来资本增值。例如，若企业在 2024 年估值为 500 万元，而在 2025 年估值增长至 2000 万元，则相应股权份额的市值增长即为资本利得。这部分收益与分红无关，但同样是股东的重要收益来源。

（3）全职参与考量

"是否全职加入"是选择股东的重要因素之一。对于不能全职参与的候选人，可考虑不赋予其原始股东身份，而仅提供股权激励和未来发展机会。

（4）代持股东审查

"是否有代持股东"同样是选择股东的关键因素。有些股东因种种原因不便直接持股，会选择代持方式。对于此类情况，建议在《股东协议》中明确代持相关说明，并特别规定在知识产权纠纷或竞业禁止等特定情况下的处理措施。

（5）一致行动人协议

"是否有一致行动人"是选择股东的最后一个考量因素。若存在一致行动人，应在《股东协议》后附加《一致行动人协议》，并在后续步骤中，尤其是在确定股权比例时，将一致行动人视为同一股东来计算其股权比例所代表的决策权。

3.2.2.2 第二步：选择企业类型，确定股权架构主体

选择企业类型是构建企业法律框架的基础，它直接关联到股东的权利与义务。在选择企业类型时，必须参照相关法律及规定。例如，依据民商法体系，企业可确立其法人地位，并享有相应自主权。而《中华人民共和国公司法》则具体规定了公司的设立条件、内部组织架构、股东的权利与义务等核心要素，明确了公司的法律地位及其权利与义务。

此外，《中华人民共和国反不正当竞争法》等法律，规范了企业在市场竞争中的行为，保障了市场秩序。

在选择企业类型时，还需综合考虑实际控制人、股权链、资金链等关键因素。这些因素能真实反映公司的发展状况，有助于预防与打击利用股权开展的违法活动。总之，选择公司类型是构建股权结构的关键步骤，它既能保护企业的合法权益，也能促进市场经济的稳健发展。

不同类型的企业，对股权结构的要求也各不相同。所以，成立企业之前，需要考虑如图 3-5 所示的 5 个方面。

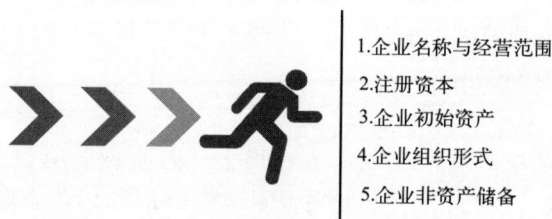

1.企业名称与经营范围
2.注册资本
3.企业初始资产
4.企业组织形式
5.企业非资产储备

图 3-5　成立企业之前需要考虑的 5 个方面

（1）企业名称与经营范围

选择企业名称时，需确保名称的唯一性，并使其与经营范围相匹配。可参照行业内的标杆企业，了解其经营范围的设置方式。

（2）注册资本

注册资本并非越大越好，因为企业需要按注册资本上限承担法律责任，如债务追偿等。

（3）企业初始资产

资产评估是成立新企业或子公司、进行股权变更的重要环节。需全面梳理与评估各股东的出资，包括货币与非货币形式，以确定各股东的贡献值，并为股权比例的分配提供重要依据。

（4）企业组织形式

根据企业实际情况选择最适合的组织形式。如选择有限责任公司、普通合伙

企业、有限合伙企业、个人独资企业等。

（5）企业非资产储备

非资产储备主要指股东、合伙人与员工的知识技能储备，如行业资源、产品设计、技术研发、生产运营与市场营销等。需评估这些知识与技能是否足以支持企业未来的经营管理。若不足，则需要考虑引入更多股东、合伙人或招聘新员工。对于初创企业，尤其需要关注其非资产储备。

3.2.2.3 第三步：设置股权比例，合理分配"魔法力量"

设置股权比例是一个复杂的过程，不同的股东持有的股权比例不同。一般来讲，是根据投资额、承担的风险、提供的资源、对公司的贡献等来分配。出资较多、承担风险较大或提供的资源更重要，获得的股权比例更高。

然而在实际中，确定股东的股权比例并不是那么简单，具体可以结合如图 3-6 所示的 5 点进行。

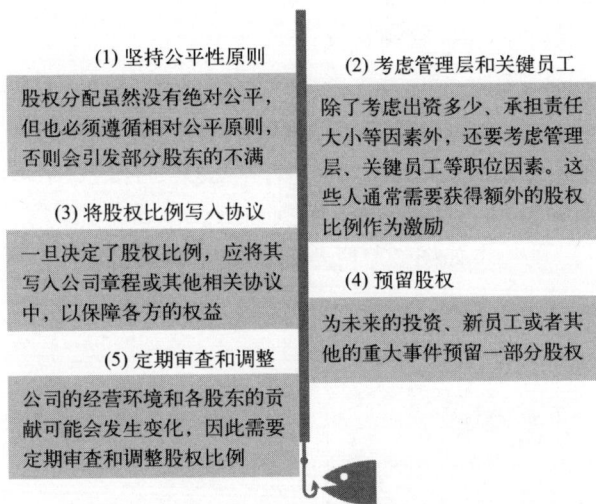

（1）坚持公平性原则

股权分配虽然没有绝对公平，但也必须遵循相对公平原则，否则会引发部分股东的不满

（3）将股权比例写入协议

一旦决定了股权比例，应将其写入公司章程或其他相关协议中，以保障各方的权益

（5）定期审查和调整

公司的经营环境和各股东的贡献可能会发生变化，因此需要定期审查和调整股权比例

（2）考虑管理层和关键员工

除了考虑出资多少、承担责任大小等因素外，还要考虑管理层、关键员工等职位因素。这些人通常需要获得额外的股权比例作为激励

（4）预留股权

为未来的投资、新员工或者其他的重大事件预留一部分股权

图 3-6 确定股东股权比例需要考虑的 5 点

（1）股权集中化管理

股权分配是企业治理结构的核心组成部分，它直接关系到股东对企业的控制权。股东所持有的股权比例越高，其对企业的控制力便越强。在初创企业中，控制权的丧失可能会对企业造成严重的损害，进而影响其吸引投资机构的能力。

在实践中，我们观察到许多企业的股权分配呈现阶梯式递减，如 40％、30％、20％、10％等。另外，一些企业出于对公平性的考虑，可能会采取平分股权的方式，如两个股东各占 50％，或三个股东各占 33％，甚至四个股东各占 25％。然而，这种股权分配方式可能会使企业陷入复杂的权力博弈之中，一旦某一方出现分歧，控制权的争夺将变得极为复杂，导致企业内部消耗过大。

平分股权往往催生企业内部出现多个利益团体，这些团体间的博弈会削弱股东对企业的整体控制。当存在两个利益团体时，虽然解决过程可能较为漫长，但最终会形成以一个团体为主或两个团体并存的局面。然而，当存在三个利益团体时，由于相互间的牵制，博弈将变得极为复杂且持久。这种局面一旦形成，对企业的健康发展将是致命的。因此，在设计股权架构时，必须充分考虑这一点，避免三方博弈的出现。

为了确保企业的稳健运营和高效决策，股权分配应相对集中，即企业应有一个明确的最终决策者。建议大股东的股权占比应达到 2/3 以上。若两位股东的贡献值相近，则他们的股权总和应达到 2/3，并签署一致行动人协议以确保决策的高效执行。

（2）技术合伙人的股权分配

在某些技术密集型企业中，创始人可能会引入技术合伙人，这些合伙人通常以其专业知识和技术产权作为无形资产入股。在为技术合伙人设计股权架构时，建议其股权比例不超过 10%。技术创新是企业发展的重要驱动力，但其成长和成功需要多种因素的共同作用。

作为企业创始人，既要关注技术创新的长期迭代，也要避免过分夸大技术的重要性，追求短期内的显著成果。因此，在分配技术合伙人股权时，应审慎考虑其对企业整体发展的贡献，并合理设置股权比例。

综上所述，可以设计出如图 3-7 所示的股权架构示意图。

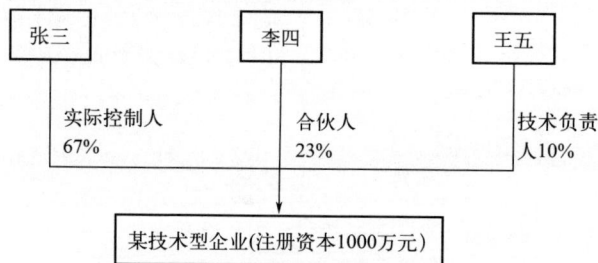

图 3-7　股权架构示意图

3.2.2.4　第四步：确定分配原则，确保"魔法能量"的平衡

经济学原理告诉我们，"如何定义利益分配，决定了蛋糕能做多大"。对于初创企业而言，利益分配的合理性至关重要，一旦分配失衡，可能会诱发一系列内部矛盾和问题。因此，通过精心设计股权架构，我们可以确立明确的利益分配原则。这是因为，无论股权架构如何设置，其核心目标始终是最大化各方利益，并确保各股东之间的利益达到和谐平衡。

接下来，先来看一下股东理论上可以拥有的权利，如图 3-8 所示。

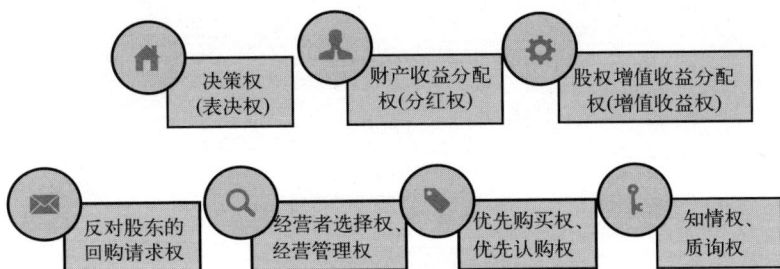

图 3-8　股东理论上拥有的权利

图 3-8 显示的股东的七大权利，涉及收益分配的主要集中在分红权和增值收益权两项权益上。前者是短期分红收益，后者是长期股权增值收益。这两项权利是投资者最看重的，出于这种诉求，企业大股东往往也会战略性放弃，把这部分权利让给投资者。

但企业发展是一个长期艰巨的过程，随着企业的发展，会有各种各样的新股东加入进来，特别是投资机构的加入，会设置很多类似于优先转让权、优先清算权、反稀释条款等各种股东限制性条款，这就会形成同股不同权的局面。

所以，在考虑投资者优先获得权等利益时，也要适当考虑创始人或核心团队的财务诉求。解决办法就是，在确定各个股东股权比例之后再设立一个小金库（占比不超过 5％），作为核心创始人股权变现的渠道（之所以设定为不超过 5％，是因为 5％是重大股权架构变更的"警戒限"，对上市企业来说，如收购超过 5％的股权就要举牌了，另外，5％以下的小股东也没有锁定期限制）。

创始人或核心团队的特别基金，在股权架构中的设置示意图如图 3-9 所示。

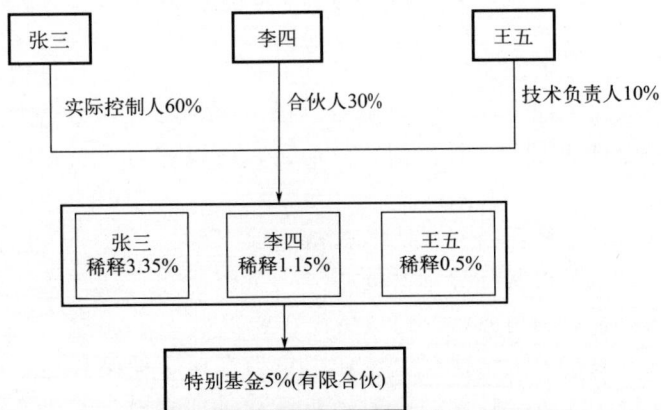

图 3-9　创始人或核心团队的特别基金

需要注意的是，"特别基金"的设定是通过增资获得的，是三个人从各自的股权中按一定比例稀释出来的。

3.2.2.5　第五步：进行股权激励，激发团队的"魔法潜能"

初创企业的壮大，依赖各股东间的默契配合与无私付出。然而，仅凭股东间的合作尚显不足，持续吸引顶尖人才的加入同样至关重要。在吸引人才的过程中，除了给予优厚的薪酬外，与之绑定的长期收益——即股权，同样发挥着关键作用。

股权激励作为一种激励机制，通过向员工提供股票或其他权益证券，旨在激发他们为企业发展贡献更多力量。员工一旦获得股票，便成为股东，有权分享企业的利润与增长。

股权激励计划有多种形式，包括股票期权、限制性股票、虚拟股票等，具体包括如图 3-10 所示的 10 种。

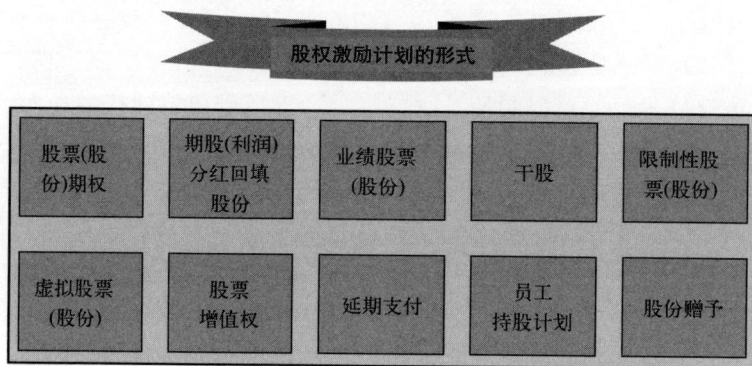

图 3-10　股权激励计划的多种形式

这些计划的目的是激发员工的工作热情，提升企业业绩与价值。在考虑未来发展时，我们不仅要关注全职员工，还需重视为企业发展作出重大贡献的外部资源，尤其是外部引进的人才。对初创企业而言，股权成为吸引这些外部资源的关键手段。

然而，股权激励同样伴随有风险与挑战。股票价格的波动可能使员工面临巨大损失。此外，实施股权激励计划需要投入大量资金和管理资源，若计划不当或管理不善，可能对企业的财务状况造成负面影响。

因此，在设计股权激励结构时，企业需审慎考虑，确保其与企业整体战略目标和财务状况相符。同时，建立健全监管机制和管理制度，以保障股权激励的合规性与公平性，亦显得尤为重要。

3.2.2.6 第六步：避税与风险控制，保护你的"魔法阵"稳固无虞

在股权架构设计完成后，最后一步就是聚焦于税务优化与风险管理两大关键议题。

(1) 税务优化

税务优化旨在通过合法手段减轻企业的税收负担，提高经济效益。主要涉及以下 3 个方面：

1）企业所得税优化

按照规定，股东分红需缴纳 25% 的企业所得税，随后股东还需承担 20% 的个人所得税。为降低双重税务负担，参与分红的股东可设立持股平台，如有限责任公司，作为分红主体。这样，企业利润分红至法人股东时，可避免再次缴纳所得税。此外，股东使用这部分所得再投资其他项目时，也享有免税优惠。

2）避免无限责任

在股权架构设计过程中，可能涉及股权激励和小金库等设置，这些通常由创始人和其代持人作为普通合伙人承担无限责任。为规避此风险，可运用持股平台，如有限责任公司作为有限合伙公司的普通合伙人（GP），从而在无限责任之上构建一个有限责任的屏障。

3）注册地税务筹划

企业在选择注册地时，应考虑企业所得税和个人所得税的优惠政策。这是税务筹划的重要组成部分，有助于降低整体税负。

(2) 风险管理

风险管理涵盖核心股东退出和并购团队退出两大风险点。

1）核心股东退出风险管理

核心股东的退出可能对企业估值和未来发展产生重大影响，尤其是在资本运作和融资过程中。为降低此风险，建议将核心股东纳入核心团队持股平台，以规避直接冲击。这样，在持股平台层面即可解决问题，同时便于新核心股东的加入。

2）并购团队退出风险管理

随着企业发展，并购行为日益频繁。并购一方通常不希望并购后核心团队独立行动，因为这可能导致人才流失和内部管理风险。为应对这一风险，核心股东持股平台可发挥重要作用。通过出售核心股东持股平台，相当于整体出售企业，同时保持股权激励和其他部分的稳定，从而降低并购团队退出带来的风险。

3.2.3 股权架构设计六步骤举例分析

为更好地理解股权架构设计的步骤，下面结合一个例子——某网络科技有限

公司，按照六步法进行重新梳理：

第一步，确定公司股东，如图 3-11 所示。

图 3-11　某网络科技有限公司股东

第二步，确定公司类型，如图 3-12 所示。

图 3-12　某网络科技有限公司类型

第三步，确定股权架构，如图 3-13 所示。

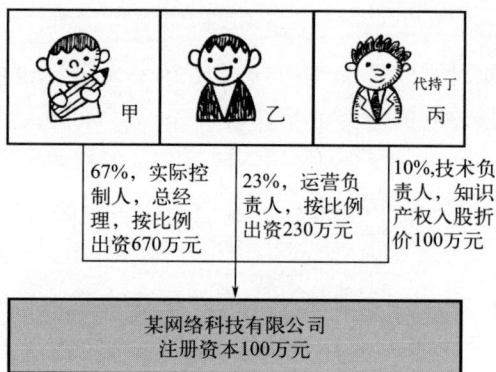

图 3-13　某网络科技有限公司股权架构

第四步，确定股权分配。

股东收益主要来自分红权和股权增值收益权。分红权是短期内的股息分配，而股权增值收益权则与长期的股权价值增长有关。鉴于对经营控制权的长期稳定性的追求，企业核心股东通常会放弃短期的分红权，转而在股权激励中设立一个上限为 5% 的"特别基金"，以此作为股权变现的途径。

增加特别基金后的股权结构示意图如图 3-14 所示。

[特别说明：特别基金的设立通常依赖于核心股东的增资，具体案例中体现为甲、乙、丙三位核心股东各自按一定比例稀释其股份（总计 5%）。因此，当特别

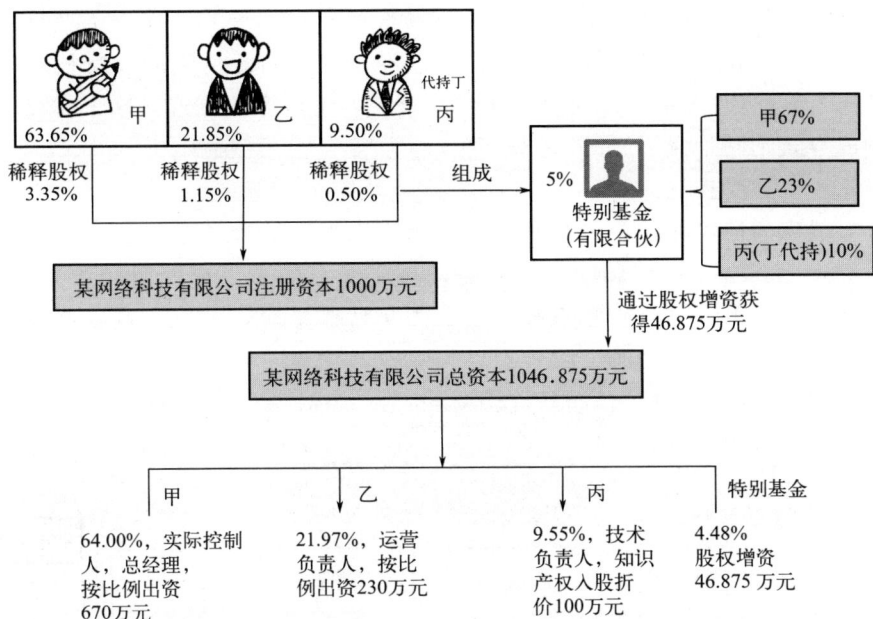

图 3-14　某网络科技有限公司增加特别基金后的股权架构示意图

基金实现增值时，核心股东的股权结构亦将相应调整。］

第五步，股权激励。

企业的发展不仅依赖于股东们的共同努力和全情投入，还需要不断吸引优秀人才的加入，例如核心员工、外部资源等。对于这部分人，除了薪酬之外，股权激励是实现长期利益的关键手段。股权的激励，发挥股权的长期价值是优秀企业成长、吸引人才的重要手段。

设置股权激励后的股权结构示意图如图 3-15 所示。

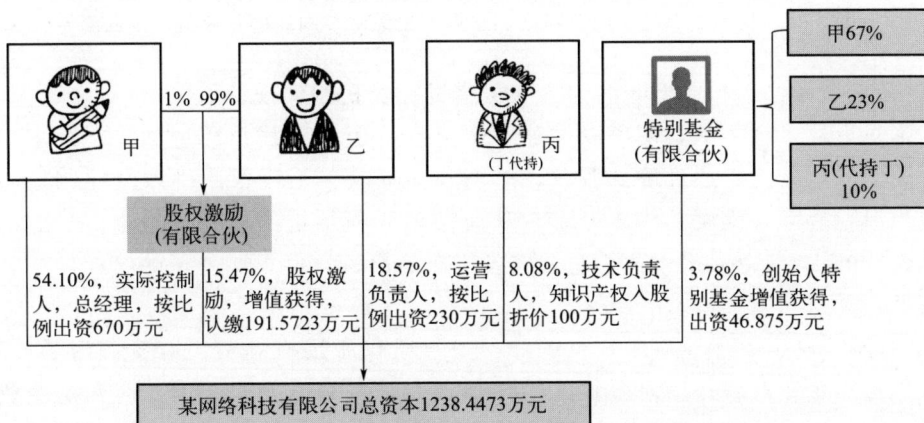

图 3-15　某网络科技有限公司设置股权激励后的股权架构示意图

（特别说明：股权激励中 15.47％这部分股权是通过增加注册资本获得的，这部分股份的表决权其实是让渡给了股东甲。经过这一步之后甲的表决权将增加到69.57％；同时这部分的出资是没有实际出资的，是认缴的方式，这个需要根据股权激励的方式不同，做不同的出资处理。）

第六步，风险控制。

核心股东的退出通常会对企业的估值和未来发展造成一定的不确定性，特别是在企业进行资本化操作和融资活动时，核心股东的退出可能构成致命的冲击。因此，在此情形下，将核心股东纳入核心团队持股平台，可以有效规避风险，确保问题仅限于持股平台层面。

增加股东退出风险控制后的股权架构示意图如图 3-16 所示。

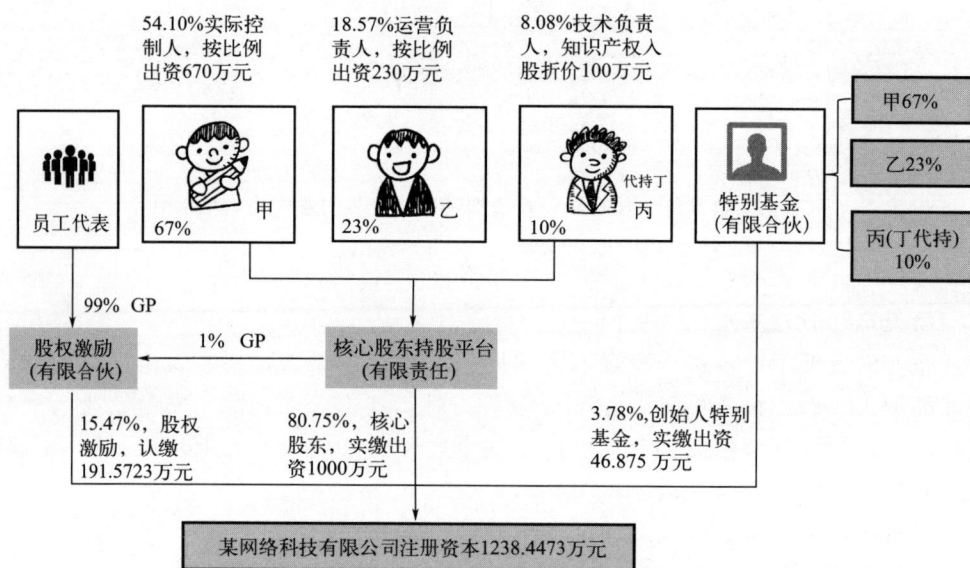

图 3-16 某网络科技有限公司增加股东退出风险控制后的股权架构示意图

（特别说明：新核心股东的引入亦可借助此类机制实现。）

通过上述六个步骤，便可以构建一个完善的股权结构。回过头来，再来审视该公司的股权结构，通过确认股权、平衡长短期收益、股权激励以及控制核心股东退出风险等多个维度的深入考量，从而实现股权结构的加固与稳定。最终，再根据初始的 1000 万元出资额重新调整各股东的出资比例，该公司的股权结构就更加明确（图 3-17）。

（特别说明：鉴于企业未来发展的潜力，股权激励机制不仅应覆盖内部员工，还应包括对企业发展作出显著贡献的外部资源，尤其是兼职人员。这亦是企业通过股权方式吸引外部资源的关键策略。）

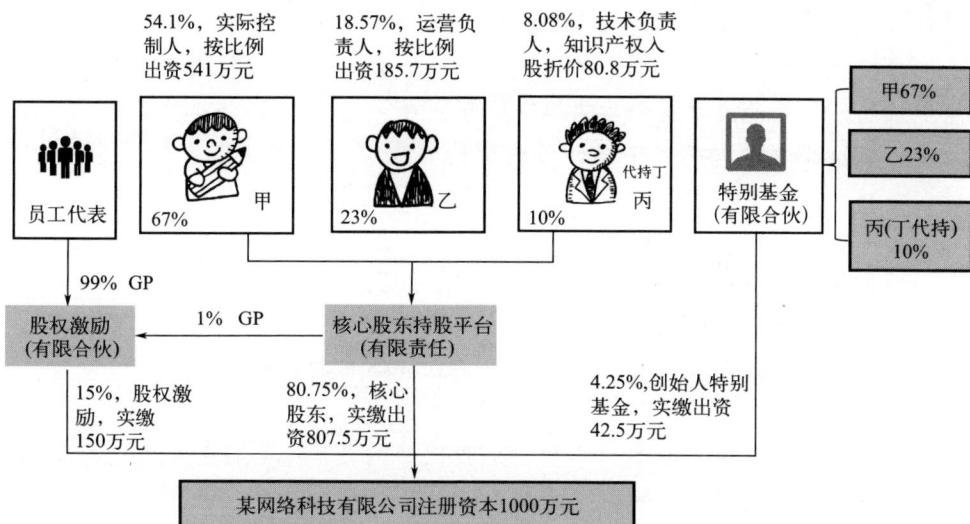

图 3-17　某网络科技有限公司增加股权激励优化后的示意图

3.3 股权合理分配

股权的合理分配是确保初创企业稳定、持续发展的关键。一个合理的股权架构能够平衡各方利益，激发股东参与的积极性。在股权分配过程中，应该综合考虑股东贡献、企业战略规划、法律法规和市场环境等多个因素，确保股权分配的科学性和合理性。只有这样，才能为企业长期发展奠定坚实的基础。

3.3.1 创始人占股权主导地位

在初创企业的股权架构中，确保创始人占据主导地位是一项基本原则。这一原则的确立，是基于创始人在企业建立和发展过程中承担的巨大风险与责任。创始人在建立和发展公司中不仅投入大量的时间、精力和个人资源，还需应对市场不确定性、技术风险、融资压力等多重挑战。因此，给予创始人更多的股权，既是对其努力和贡献的合理回报，也是保障其决策权和控制权稳定的关键。

保持创始人的股权主导地位，对于维护企业决策的高效性和执行的坚定性具有重要意义，同时也有助于吸引和留住优秀的投资者和合作伙伴。持有大量股权的创始人，能够更好地代表企业进行资金筹集、市场拓展、人才引进等活动，进而提升企业的知名度和信誉。对于初创企业而言，这种信誉和知名度尤为关键，因为它们通常缺乏历史数据和业务记录来支撑其实力和价值。

然而，在强调创始人股权主导地位的同时，我们也必须关注其潜在风险。若创始人股权占比过高，可能导致其他股东或投资者被忽视，进而影响企业的治理和长期发展。一个健康的企业治理结构应平衡各方利益，确保所有声音都能被听到和考虑。此外，若创始人过于独断专行，可能阻碍企业的创新和变革，而一个能够灵活适应和快速决策的企业通常更具竞争力。

为平衡这些风险，我们在设计股权架构时需综合考虑企业规模、业务模式、市场竞争状况、融资需求等因素。对于初创企业而言，由于资金和资源有限，创始人可能需要持有更多股权以确保企业稳定和发展。但随着企业规模扩大和业务成熟，股权架构也应相应调整以平衡各方利益和需求。

此外，创始人与其他股东和投资者之间的有效沟通和协商至关重要。通过充分沟通和协商，可确保各方对企业发展方向和战略有共同理解和认同，从而形成更加稳定和高效的治理结构。

可见，创始人股权主导地位的确立是股权架构设计中的核心原则。它既有助于确保企业稳定和发展，也带来一定风险和挑战。因此，在实践中需根据企业实际情况和需求灵活应用这一原则以实现风险与机遇的平衡。

3.3.2 股东出资比例与股权大小直接对应

在初创企业的组织架构中，股东出资与股权比例之间的关系直接体现了股东对企业的贡献及其在企业中所享有的权益。同时，这种关系也反映了股东权益与责任之间的平衡。

首先，股东的出资比例直接决定了其持有的股权大小。这是一种明确且公平的权益分配方式，股东根据其对企业的投资规模获得相应的股权。这种安排确保了股东权益与其出资额相匹配，从而贯彻了"谁投资、谁受益"的原则。通常，出资比例越高，所持有的股权就越多，这也意味着股东将享有更多的权益和更大的话语权。

其次，股东按照其实际出资比例分享企业利润，这是股权带来的直接经济回报。分红权的行使不仅是对股东出资的回报，也是对他们承担企业风险的一种补偿。同时，表决权也按照股东的出资比例行使，这意味着拥有更高出资比例的股东在企业的决策中具有更大的影响力。这种机制有助于确保企业决策能够反映各股东的利益和期望，实现共同治理。

在法律依据方面，《中华人民共和国公司法》第四十九条规定了股东应当按期足额缴纳公司章程规定的各自所认缴的出资额。这一规定确保了股东出资的合规性和稳定性，为企业的稳定发展提供了保障。

然而，值得注意的是，尽管股权与出资比例直接相关，但全体股东之间也可能存在其他约定。例如，在某些情况下，股东可能不按照出资比例分取红利或优先认缴出资。这种灵活性为股东之间的协商和合作提供了空间，有助于平衡各方利益，实现共赢。

综上所述，股东出资与股权比例的直接对应关系体现了股东权益与责任的均衡。股东通过增加出资可以获得更多的股权和相应的权利，同时也需要承担相应的责任和义务。这种安排既确保了企业的稳定发展，也保护了股东的合法权益。在未来的企业治理中，我们应继续深化对股权与出资比例关系的理解，充分发挥其在企业治理中的积极作用。

3.3.3 正确处理资金股、资源股、人力股的关系

在确定股东股权持股比例时，出资多少固然是一个重要的考量因素，但不应成为唯一的决定性因素。若仅依据出资比例进行股权分配，将极大地忽视人力资源、技术等关键要素的价值，甚至可能导致全职工作的价值被完全忽视。

初创企业的股权架构设计必须紧密结合其实际运营状况。例如，在种子期，资金往往是企业面临的最大挑战，因此资金股在此阶段显得尤为重要。然而，随着发展逐渐步入正轨并实现盈利，资金的重要性相对降低，而人力资本则逐渐上升至核心地位。因此，人力股在企业战略中的地位也应相应提升。

所以，股权架构的设计不应僵化不变，而应随着企业需求的变化灵活调整。正确处理资金、资源和人力各类股的关系，确保各方股东的利益得到均衡，这是股权设计的核心原则，初创企业的持续盈利能力，往往取决于资金、资源和人力三大要素的均衡与协同作用。

因此，设计股权架构也要根据这三个要素来设计。此三要素，对应的股权即为"三股"，如图 3-18 所示。

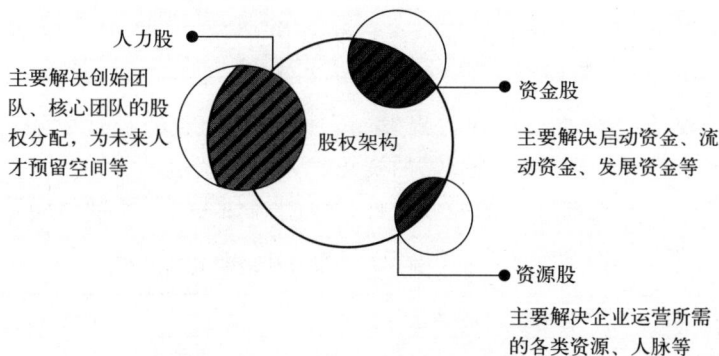

图 3-18 "三股"示意图

接下来，通过一个合伙公司案例，具体梳理这种股权架构设计的思路。

案例 4

A、B 和 C 三人合伙创业，A 出 40 万元，B 和 C 各出 30 万元。C 是项目的创

始人。

A 不干活，B 和 C 全职工作，A 和 B 没有资源，C 有资源且能力比 B 强。

设定资金股占总股的 30%，人力股占 30%，资源股占 40%（这个比例要与股东沟通，案例中的比例只是参考，具体要和自己的公司实际来匹配，看是资金驱动型、资源驱动型还是人力驱动型公司，比例可以调整，股东认同就可以）。

资金股分配：A 的资金股就是 30% 乘以出资额即为 12%（40 万元/100 万元×30%＝12%），同比 B 和 C 各是 9%（30 万元/100 万元×30%＝9%）。

人力股分配：A 不干活所以没有人力股，B 没有 C 能力强，故分得人力股 10%，创始人 C 分人力股的 20%。

资源股分配：A 和 B 没有资源所以资源股全部给 C，占有 40%。

所以较为合理的股权分配方案就出来了：A 为 12%、B 为 19%、C 为 69%。

如果创始人 C 的资源不够或者股权不足以控股公司的话，也可以这样来设计，预留股权池，创始人代持股份，后期作为股权激励池或者融资池。这样通过预留股权池的方式让创始人股权比例超过 50%，从而实现相对控股。

3.3.4 资金股、资源股、人力股落地"三步法"

在明确了"三股"的概念后，下一步是对其价值进行评估和分配。具体的评估方法可通过"三步法"来实现。

（1）第一步：梳理三大主线

首先，要梳理出三大主线，即资金、资源和人力。这三者与企业的发展密切相关，分别对应着企业的资金线、业务线和人才线。因此，在进行股权架构设计时，我们首先要从企业的长远利益出发，全面梳理企业的长远发展政策、制度，并明确其发展节奏和阶段，以及所需的资源、人才和资金。

比如，初创企业在前 3 年的股权设计，应明确如表 3-5 所列的问题。

表 3-5　初创企业前 3 年股权设计应明确的问题

三大主线	第 1 年	第 2 年	第 3 年	填写要求	备注
业务线				阶段性目标、里程碑	关键节点
人才线				每个阶段重点引入的人才、分配股权的对象	关键人才
资金线				每个阶段的资金需求、资金缺口、资金来源	现金流

（2）第二步：确定"三股"的权重

确定资金股、人力股、资源股的权重，常用的方式是按民主集中制确定。合伙人以匿名投票的方式，分别填写自己的意见，然后取平均值。如分歧较大，可公开说明自己的理解与理由。

然后，按集中制原则，由创始人拍板，确定人力股、资金股、资源股的各自权重。

（3）第三步：确定"三股"分配方案

"三股"分配方案如表 3-6 所列。

表 3-6　"三股"分配方案

要素	规则	比例
人力股	按贡献分配	30%～80%
资金股	按出资分配	20%～50%
资源股	按兑现分配	10%～30%
合计		100%

1）人力股的分配策略

人力股的核心在于对全职核心人才的激励。其分配原则是，依据个体所承担的责任、所作出的贡献以及所展现的能力进行差异化分配。人力股通常划分为两个主要部分：创始团队股权和期权池。前者专为创始团队成员设计，后者则主要面向核心骨干员工。

在分配过程中，应确保"价值与回报"之间的动态平衡，并持续评估并调整各人才的价值与贡献，以实现公平与效率的"双赢"。

2）资金股的分配策略

资金股分为内部资金股和外部资金股两种类型。内部资金股主要针对创始股东，旨在满足企业的启动资金需求，其估值由创始股东共同商定。而外部资金股则是为应对近一两轮融资需求所预留的股权。

在特定情况下，也可选择暂不预留外部资金股，待实际融资需求出现时再进行股权的同步稀释。资金股分配的主要影响因素包括企业的资金需求和特定阶段的估值。

3）资源股的分配策略

资源股对企业的价值可能极为显著，也可能相对有限。此外，企业的成长潜力以及对资源的承接和投入方式均具有不确定性。因此，在分配资源股时，应以资源的实际价值为基础，对每种资源进行全面评估，明确其对企业的贡献程度。资源的价值并非仅基于承诺或预期，而更在于其实际兑现的能力。未兑现的资源，无论其潜力多大，其价值均为零。

以上方案仅供参考，具体的股权分配策略需根据企业的实际情况进行调整和完善。同时，股权分配涉及复杂的法律和税务问题，建议在专业律师和税务师的指导下进行。

第**4**章

股权众筹融资：引进新股东，众人拾柴火焰高

股权众筹融资是一种集合众人之力共同推进企业发展的融资方式。借助众筹平台，企业能够广泛吸引投资者的支持，让每一位投资者都成为企业发展的见证者和参与者。这种融资方式不仅拓宽了企业的融资渠道，还增强了企业的社会影响力和市场竞争力。

4.1 股权众筹：众人拾柴，掀起参与浪潮

股权众筹是指通过互联网平台实现企业股份的出让，进而筹集所需资金。同时，投资者通过购买企业股份，享有企业成长的未来收益。

股权众筹，是一种创新的融资方式，深受初创企业的青睐，很多企业在发展初期都是采用了这种方式，比如，罗辑思维、3W 咖啡。

案例 1

罗辑思维通过设立付费会员制度，成功筹集近千万元会费；而 3W 咖啡则采取众筹股权，每股定价 6000 元，每人限购 10 股，吸引了包括知名投资者、创业者和企业高管在内的数百位投资者参与。

案例 2

3W 咖啡的众筹模式属于会籍式众筹，其特色在于精准定位目标群体，即互联网创业和投资圈的核心人士。通过这种模式，3W 咖啡不仅筹集到了资金，还汇聚了行业内的重要人脉和资源，为企业的发展注入了强大动力。此外，该模式还为参与者提供了一个交流、学习和合作的平台，进一步扩大了 3W 咖啡的业务范围和影响力。

3W 咖啡股权众筹的成功得益于其精准的目标定位、合理的价格策略以及有效的宣传推广。通过社交媒体等渠道，3W 咖啡迅速扩大了品牌知名度，实现了资金和人脉资源的有效整合。

这一案例为其他融资企业提供了新的融资思路，展示了众筹模式在创业领域的巨大潜力。

股权众筹起源于 2012 年美国的 JOBS 法案，该法案允许小企业在众筹平台上进行股权融资，为小企业和项目提供了新的融资机会。随着全球众筹融资业务的迅速增长，股权众筹网站也在全球范围内不断涌现，包括 Funders Club 等代表性平台。在中国，股权众筹网站如天使汇、人人投、大家投等也逐渐成熟，为更多企业提供融资支持。

股权众筹在我国有三大类型，分别为凭证式、会籍式、天使式，具体解释如图 4-1 所示。

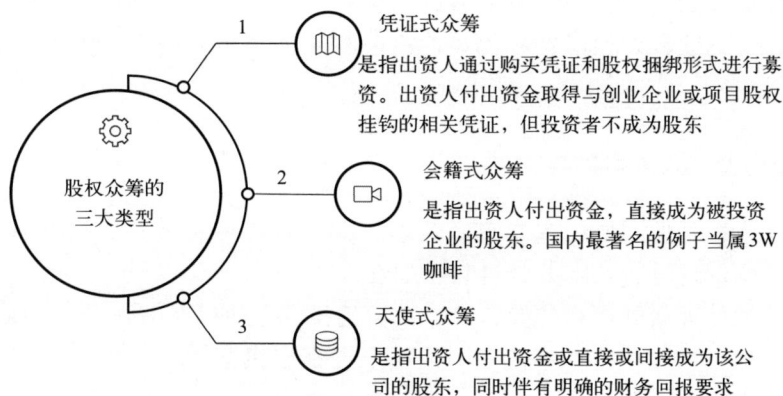

凭证式众筹
是指出资人通过购买凭证和股权捆绑形式进行募资。出资人付出资金取得与创业企业或项目股权挂钩的相关凭证，但投资者不成为股东

会籍式众筹
是指出资人付出资金，直接成为被投资企业的股东。国内最著名的例子当属 3W 咖啡

天使式众筹
是指出资人付出资金或直接或间接成为该公司的股东，同时伴有明确的财务回报要求

图 4-1   股权众筹的三大类型

值得一提的是，天使式众筹作为一种新兴的融资模式，显著区别于天使融资或风投融资。

案例 3

以大家投网站为例，某创业企业计划融资 100 万元，出让 20％股份。在网站发布信息后，A 担任领投人投资 5 万元，B、C、D、E、F 作为跟投人分别投资 20 万元、10 万元、3 万元、50 万元、12 万元。当融资额度达到预定目标后，所有投资者按其投资比例共同持有公司 20％股份。随后，投资者需转为线下操作，成立有限合伙企业，并完成投资协议签署、工商变更等手续，此时项目融资即宣告成功。

互联网的发展为众多中小微企业提供了融资机会，同时该模式因出资门槛低而被称为"全民天使"。

然而，股权众筹在国内主要作为风险投资的补充形式存在。投资者通过资金投入项目，依据出资比例获得企业股份，并在项目结束后分享收益或承担亏损。这种模式有效解决了小型项目融资难的问题，同时促进了社会经济的良性循环。不过，股权众筹亦面临诸多风险与挑战，如投资者权益保护、信息披露及监管政策不明确等。

因此，初创企业在选择股权众筹时，务必全面了解其特点、风险及挑战，并做出审慎决策。

4.2 股权众筹在初创企业中的优势

股权众筹在初创企业中具有显著的优势，包括降低融资门槛、借助大众力量以及建立稳健的股权结构。这些优势使得股权众筹成为初创企业重要的融资方式之一。

4.2.1 低门槛：人人可参与

股权众筹因其低门槛已成为众多初创企业的首选融资方式。接下来，将深入探讨股权众筹的这一特性，并分析其实战性。

这一特性体现在其广泛的参与性、灵活的投资金额以及股份获取的便利性上。无论身份、地位、职业、年龄或性别，每个人都有机会参与其中。这种低门槛不仅激发了广大投资者的热情，也为创业企业提供了更广泛的资金来源。

低门槛意味着投资者可以用较少的资金进行投资。相较于风险投资或天使投资，股权众筹的投资金额通常较小。这种小额投资方式不仅降低了投资者的经济压力，还分散了投资风险。同时，对于融资企业来说，众多小额投资者也意味着股权的分散，减弱了单一投资者对企业的控制力，为企业带来了更大的自主权。

此外，股权众筹还具有高度的灵活性。它不仅可以帮助企业筹集资金，还能为企业提供资源、市场和业务等方面的支持。投资者在参与股权众筹的过程中，往往会将自己的经验、知识和资源分享给企业，从而助力企业的成长和发展。这种灵活性的融资方式使得股权众筹成为一种既实用又高效的融资工具。

综上所述，股权众筹融资的低门槛、小额投资和灵活性等特点，为企业带来了更广泛的资金来源、分散的投资风险和丰富的资源支持。随着科技的进步和市场环境的变化，股权众筹有望在未来发挥更大的作用，为更多的创业企业和投资者带来更多的机遇和挑战。

4.2.2 平台化：集结大众力量

股权众筹之所以受到初创企业的青睐，其另一大优势在于平台化，其可以最大限度地集结公众的力量。股权众筹平台突破了传统金融体系的局限，允许更多的投资者参与到初创企业的融资过程中。这些投资者通过向初创企业投资，直接获得企业股份或其他形式的权益证券，进而为这些企业提供资金支持。

此外，股权众筹平台还为投资者提供了一系列的专业服务，包括项目筛选、投资机会匹配和投资后管理等。这些服务帮助投资者更好地理解投资项目，降低投资风险，并提高投资效率。通过这些专业服务，投资者能够更方便地找到符合自身风险偏好和投资目标的项目，从而实现资源的优化配置。

股权众筹平台还通过互联网和社交媒体等渠道进行了广泛的宣传和推广，吸引了大量的投资者和项目方。这种宣传方式不仅提高了融资项目的知名度，还扩大了融资市场的覆盖范围。在平台的助力下，投资者和项目方能够更高效地实现对接，进一步推动创业的快速发展。

为确保融资项目的合法性和可行性，股权众筹平台会对所有项目进行严格的审核。这种审核机制不仅保护了融资者的利益，为初创企业提供了更加稳定的资金来源，还提高了整个融资市场的质量。为投资者提供了更加安全可靠的投资机会。

为确保投资者的资金安全和权益保障，股权众筹平台还建立了全面的风险控制机制。这些机制包括风险评估、资金托管、纠纷调解等，为投资者提供了全方位的风险保障。通过这些措施，平台有效地降低了投资风险，提高了投资者的信心，进一步推动了股权众筹市场的发展。

目前，市场上已经涌现出众多知名的股权众筹平台，如天使汇、东家、星火乐投、同筹荟等。这些平台凭借丰富的投资机会和优质的服务，为融资企业提供了便捷的融资渠道和合作机会。随着股权众筹市场的不断壮大，预计未来将有更多的创新企业通过这个平台获得资金支持，实现快速发展。同时，投资者也将通过参与股权众筹获得更多的投资机会和潜在的高回报。

4.3 股权众筹投资人参与的两种模式

从投资人的角度看，股权众筹的参与模式有两种，一种是个人直投模式，另一种是领投人模式。

4.3.1 个人直投模式

在当今的投资领域，个人直投模式已经成为越来越多投资者关注的对象。这种模式允许投资者直接参与融资企业的经营和管理，从而成为这些企业的股东。个人直投模式为投资者提供了更直接参与企业经营活动的机会，同时也伴随着一定的风险。

（1）个人直投的优势

个人直投模式的优势在于其透明度和灵活性。由于投资者直接接触融资企业和项目，他们可以深入了解企业的商业模式、经营管理、财务状况等重要信息。这种深入的了解使得投资者能够基于自身的判断和风险承受能力做出投资决策，从而实时掌握项目的进展和存在的风险。此外，个人直投的门槛相对较低，使得更多投资者有机会以较小的投资额参与到企业的成长过程中，分享其成长带来的红利。

（2）个人直投的劣势

个人直投模式也并非毫无风险。股权众筹作为一种长期投资方式，投资者需要与企业共同成长，这意味着投资回报和股权价值可能会产生较大波动。如果被投资企业未来未能上市或股权再次转让等，股权变现可能会面临较大困难。因此，投资者在选择个人直投时，必须充分了解企业的经营状况和潜在风险，审慎评估自身的风险承受能力和投资能力。

个人直投要求投资者具备一定的投资经验和风险识别能力。由于缺乏相关知识和经验的投资者可能会做出错误的投资决策，因此在进行个人直投时，投资者一定要不断提升自身的投资技能，积累投资经验。同时，应选择正规且信誉良好的众筹平台。这些平台通常会对项目进行严格的筛选和审核，以降低欺诈和虚假宣传等风险。

在个人直投中，投资者还需要注意保持与项目方的良好沟通，定期了解企业的经营状况、财务状况和市场前景等信息，及时调整自己的投资策略，规避可能出现的风险。同时，与项目方保持良好的沟通也有助于投资者更好地了解企业的成长潜力，从而做出更为明智的投资决策。

综上所述，个人直投模式为投资者提供了参与初创企业成长的机会，但在享受投资带来的潜在收益的同时，也必须时刻保持警惕，审慎评估风险，以确保自己的投资安全。只有这样，投资者才能在个人直投模式中实现收益与风险的平衡，实现长期稳健的投资回报。

4.3.2 领投人模式

领投人模式，也被广泛称为领投（general partner，GP）＋跟投（limited partner，LP）模式，是一种团队投资模式。这种模式的核心理念在于构建一个由领投人和跟投人共同组成的联合投资体，以优化投资组合、降低风险。

在领投人模式中，领投人担任着至关重要的角色。他们不仅拥有权威地位，更是团队中的决策核心。领投人需要具备出色的组织、决策和人际沟通能力，能够在复杂多变的商业环境中迅速做出明智的决策。同时，他们还需要展现出一定的人格魅力和领袖气质，以吸引和激励团队成员，增强团队的凝聚力和向心力。领投人的这些特质和能力，使得他们能够有效地整合团队资源，推动团队高效运转，从而实现既定目标或任务。

跟投人则是领投人模式中的另一个重要角色。他们主要负责提供资金支持，为团队或组织的运营和发展提供坚实的物质基础。虽然跟投人不直接参与企业的日常管理，但他们通过联合投资体，能够充分利用领投人在投资项目筛选和后续管理方面的丰富经验，从而优化投资策略，降低风险。

领投人模式的优势在于其能够快速、有效地实现目标，提高整个组织的执行力和竞争力。通过明确分工和协作，领投人和跟投人能够共同推动团队或组织朝着既定目标迈进。此外，领投人模式还能够激发团队成员的积极性和创造力，使得整个团队充满活力和动力。

然而，领投人模式也有其局限性。例如，如果领投人能力不足或决策失误，可能导致团队投资目标难以实现，甚至引发内部矛盾和冲突。因此，在选择领投人时，需要慎重考虑其能力和素质，确保他们能够胜任这一重要角色。

综上所述，领投人模式作为一种有效的投资方式，对领投人的能力和素质提出了较高要求。同时，也需要团队成员的积极配合和参与，以实现组织的长期稳定发展。在未来的发展中，我们可以期待领投人模式在更多领域得到广泛应用，为团队和组织的发展注入新的活力。

4.4　股权众筹的操作要领

股权众筹作为一种融资手段，尽管具有显著优势，但其成功率会受多种因素影响，如项目类型、行业特性及认筹周期等。为提升众筹效果，融资企业需精确掌握以下 7 个操作要素。

（1）项目定位的准确性

明确项目性质及其所处行业的前景是融资的首要任务。融资者需要对项目有深入理解，以确保资金的有效使用。

（2）人才资源的合理配置

基于项目定位，识别并整合关键人脉资源。股东团队的人才选择应综合考量年龄、行业背景、专业能力及性格等因素。优先选择行业内有影响力的，或具备卓越专业能力及人脉资源的人才，抑或年轻且执行力强的人才。

（3）商业模式的清晰构建

项目的商业模式直接关联股东及投资者的利益。因此，在项目初期即应设计商业模式的初步框架，明确公司的运营形式、合伙方式、股东权责及股权代持等问题。

（4）善于激活股东

不少股东在投资之后，可能会由于投资金额过少，而对项目的参与度不够高，不上心。所以激活股东，让股东的价值最大化很关键。

在具体激活措施上，可以采用如图 4-2 所示的两种。

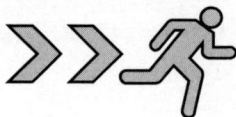

1. 活动激励

设置股东活动的形式，不但可以共同了解、探讨项目的进展，还可以增加他们对项目的黏性和感情投入等

2. 利益激励

通过设计与股东相关的利益分配机制，让股东获得正常的分红之外，还可以获得其他形式的利益

图 4-2　激活股东的两种措施

活动激励是指设置股东活动的形式，不但可以共同了解、探讨项目的进展，还可以增加他们对项目的黏性和感情投入等。利益激励是指通过设计与股东相关的利益机制，让股东除获得正常的分红之外，还可以获得其他形式的利益。

（5）管理股东预期的合理性

为避免股东因预期过高而产生负面情绪，管理者应分阶段、多维度地逐步实现股东价值，而非一次性承诺过高分红。此举有助于增强股东对项目的信任度及参与度。

（6）退出机制的明确设定

对于股权众筹而言，完善的退出机制至关重要。这包括设定退股期限、股权回购价格及基于股东收益的股权回收条件等。此举可确保股权的动态流转性及灵活性。

（7）法律文件的完备准备

在签约前，融资企业应准备全面的法律文件，如股东众筹协议、一致行动人协议、股东代持协议及退出机制等。发起股权众筹时，融资企业需全面考虑各种因素，以降低失败风险。

4.5　股权众筹的风险与应对策略

初创企业在融资过程中，最大的失败并非源于项目或行业的选择错误，而是即便选择了正确的项目与行业，也配备了出色的执行团队，但因风险管控不当而导致失败。因此，对于寻求股权众筹的融资企业而言，全面理解并妥善管理这些风险至关重要。

股权众筹通常会面临两大风险。首先是法律风险，这涉及合规性问题，包括但不限于法律法规的遵循、合同条款的合规性，以及可能涉及的法律诉讼等。其次是控制权风险，这涉及企业在引入新的股东后，可能面临的控制权稀释、决策权变更等问题。

（1）法律风险

股权众筹与非法集资高度相似，一旦控制不好，很容易变成非法集资，因此详细了解二者的区别非常有必要。

一般来讲，股权众筹和非法集资在如表 4-1 所列的 5 个方面存在明显差异。

表 4-1　股权众筹和非法集资的差异

方面	股权众筹	非法集资
定义	公司出让一定比例的股份，投资者通过出资入股公司，以获得未来收益	公司或者个人未依照法定程序发行股票、债券、彩票、基金或者其他债权凭证的方式，向社会公众筹集资金的行为
回报	不会承诺固定的回报，同时也承担股东风险	通常都承诺在一定期限内还本付息，且利息往往远高于正常众筹利息
发行方式	通过互联网平台线上发行，并且严格按照法定渠道	线上或线下，一般采用广告、公开劝诱和变相利益诱导的非法方式
信息公开程度	公开、透明、随时可查，融资方一般会通过众筹网站公布项目的每条信息，投资者可以随时了解项目信息，与融资方沟通	非法集资往往是由个人发起，目的是聚集大量钱财，一般没有明确的项目，或投向几个不为大家所知的项目，掩人耳目，信息极度不透明
风险控制程度	筹资成功以后会以有限合伙企业的形式去投项目，受到法律保护	非法集资筹资之后不成立合伙公司，投资者不能成为股东

从表中 4-1 所列来看，股权众筹与非法集资差别很细微，稍有操作不当就可能越界，构成了非法集资。因此，融资企业在进行股权众筹融资时，一定要着眼于"项目"本身去做，不要为了吸引投资者，盲目承诺回报；在发行方式上要通过正规渠道，不要相信所谓的"捷径"，同时做好信息明朗化，控制风险。

（2）控制权风险

项目的发展需要资金、人脉、资源的不断注入，而这些则需要通过不断稀释股权来换取。而股权不断被稀释，会使创始人的控制权面临危机，如何确保足够的控制权，就成为融资者急需解决的一个问题。

解决思路一：科学布局股权，保证创始人的控股比例。

企业股权如果直接出让，只会越来越少，但如果设立了持股平台（通常是有限合伙企业），那么该持股平台则是以法人股东的形式存在，其他股东的参与将通过持股平台来表达，假如创始人是这家持股平台的普通合伙人（GP），其他股东是有限合伙人（LP），作为 GP 的创始人就能够控制持股平台，也就意味着，就能够间接地控制这部分出让的股份，整个企业的控制权问题也就得到了有效解决。

同时创始人作为 GP，还可以通过成立有限责任公司的方式入股这家有限合伙企业，从而可以规避风险，承担有限责任。

解决思路二：约束股东的投票权。

公司章程是每家企业的"宪法"，我们可以通过利用修改公司章程中投票权的比例，来达到掌握控制权的目的。假如公司有两位股东 A 和 B，各自占股 50％，那么股东 A 如果想要掌握控制权，则可以在公司章程中约定 A 和 B 的占股比例和分红权保持不变，但股东 A 可以拥有 70％ 的表决权，这样就可以达到掌握控制权的目的。

当企业规模越来越大，股东越来越多，单一方法无法实现时，可以运用一些组合方法来达成我们想要的结果。

解决思路三：签署协议。

一般来说，创始人可以通过签署一致行动人协议、投票委托协议来确保控制权。假如创始人释放 30％ 的股权给 30 个股东，可以和这 30 个股东签一致行动人协议，未来在公司需要进行表决时，这 30 个股东就要以创始人为绝对标准，这就达到了创始人掌握绝对控制权的目的。

第 5 章

天使轮融资：初创企业的资本曙光

天使轮融资作为创业初期的一种重要融资途径，其对于初创企业的重要性不言而喻。正如一缕温暖而明媚的阳光为新生植物提供成长的能量，天使轮融资为初创企业注入了发展的活力，助力其苗壮成长。通过这一轮融资，企业不仅能够获得资金支持，缓解资金压力，还能够获得投资者的专业建议与丰富资源，为企业的长远发展奠定坚实的基础。

5.1　什么是天使轮融资

天使轮融资是针对天使投资的一种融资方式。对于初创企业而言，充分理解天使投资的概念与特性至关重要。

天使投资，英文全称 angel investment，指的是自由投资者或非正式风险投资机构，对资金匮乏的原创项目或小型初创企业进行的一次性投资。投资者在承担高风险的同时，期待在创业成功后获得高收益。这类投资者因拥有充足的资金，被称为"投资天使"，其投入的资金则被称为"天使资本"。

初创期或起步期的公司，可考虑采用天使轮融资。许多知名企业均曾依靠天使轮融资实现初期资金的筹集。

例如，谷歌在早期获得红杉资本创始人唐·瓦伦丁、太阳公司创始人安迪·贝托谢姆及风险投资公司 KPCB 合伙人约翰·杜尔的投资；亚马逊创始人杰夫·贝佐斯在创业初期得到天使投资者皮埃尔·奥米迪亚和柯克·克科里的支持；马克·扎克伯格在创建脸书时，亦得到天使投资者吉姆·布雷耶、彼得·蒂尔和肖恩·帕克的支持。这些案例充分证明了天使轮融资在初创企业成长过程中的重要性。

天使轮融资起源于 1978 年的美国百老汇演出助捐，后逐渐被各行业广泛采用，尤其在互联网/移动互联网、生物科技、医疗健康以及新材料、新能源等高新技术行业中占据重要地位。

天使轮融资不仅为初创企业提供资金支持，满足其初始运营和后续发展需求，同时还可提供管理咨询、人脉资源等多方面的帮助。天使投资者通常具备丰富的企业经营和管理经验，能为初创企业提供战略规划、团队建设、市场拓展等方面的专业建议，助力其快速成长。此外，天使投资者作为行业精英，拥有广泛的人脉资源，能为初创企业提供更多商业机会和合作伙伴，进一步推动业务发展。

综上所述，初创企业可以从天使投资者那里获得 3 大资源，如图 5-1 所示。

图 5-1　初创公司从天使投资者获得 3 大资源

然而，企业在寻求天使投资者时需谨慎，并与其建立稳固的合作关系，确保投资者能为企业带来实质性的帮助。同时，企业也需意识到天使轮融资可能带来的风险，如股权结构的调整、投资期限的限制以及部分天使投资者专业能力有限等问题。

5.2　天使轮融资特点

天使轮融资为初创企业提供重要资金支持，以灵活性和快速性著称，资金到位迅速，这种快速响应能力对初创企业至关重要，有助于在竞争激烈的市场中脱颖而出。这也使得该融资方式特点明确。

5.2.1　资金多来自民间资本

天使轮融资是一种非正式的融资方式，其资金主要来源于民间。这些资金分布相对广泛，主要来源于个人投资者或非专业投资机构。他们将闲置资金投入具有潜力的项目中，投资动机也相对简单，即期望通过投资获得高额回报。

虽然这些资金均来自民间，但其来源途径多种多样，如图 5-2 所示，具体可细分为 5 种不同的渠道。

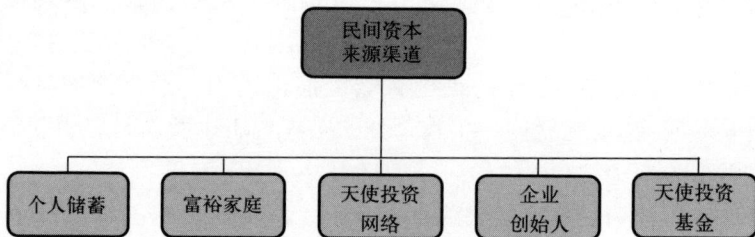

图 5-2　民间资本来源渠道

（1）个人储蓄

许多天使投资者都是成功的企业家，具备丰富的企业管理经验和足够的资本实力，可以应对初创企业的高风险，因此，愿意将自己的储蓄用于投资初创企业。

（2）富裕家庭

对一些有庞大财富的家庭而言，天使投资是财富增值的一种方式，他们拿出一部分资金投资初创企业也是增值计划的一部分。不过为了降低投资风险，他们会选择与天使投资基金或专业投资机构合作。

（3）天使投资网络

天使投资网络由诸多天使投资者组成，他们通过网络相互交流，分享投资机会和经验。这些网络通常由天使投资基金或其他投资机构创建，以帮助零散的天使投资者更好地发现和管理投资机会。

（4）企业创始人

即企业创始人将自己当作一个天使投资者，来投资自己的企业。比如，向家人、朋友筹集资金，以支持自己的公司，同时也会寻求其他天使投资者的投资。换句话说，就是尽一切可能通过自己的人脉和社交网络来获得更多的投资机会。

（5）天使投资基金

天使投资基金是以投资公司作为投资主体的一种投资方式，在这个过程中，投资公司充当着"桥梁"的角色。他们一方面积极寻找具有潜力的融资项目，另一方面则广泛联络各类投资者，即有限合伙人（limited partners，LP）。这些投资者是基金资金的主要来源，而有时普通合伙人（general partners，GP）也会贡献部分资金。

GP 代表着投资公司的决策和管理核心，他们通常不拥有足够的资金独立投资一个大型项目，这可能需要数千万元甚至数亿元的资金。为了分散风险，他们也不愿将大量资金集中于单一项目。因此，他们寻求与 LP 合作。

LP 即有限合伙人，拥有可供投资的闲置现金，但缺乏合适的投资途径。他们不愿意将资金仅存入银行获取微薄利息，因此成为天使投资基金的重要组成部分。在完成相关手续后，LP 将其资金交由 GP 管理，并由 GP 负责投资决策和项目投入，以期获得更多利润。随后，GP 和 LP 将根据约定的比例对利润进行分配。这种合作模式体现了现实生活中的"资本与智慧结合"的经典范例。

5.2.2　一次性投入，投资金额小

天使轮融资作为初创企业发展初期的主要融资形式，具有一次性投入且投资

金额小的特点。

初创阶段的企业普遍面临资金短缺、管理经验不足和人脉资源匮乏的困境。天使轮融资作为一种有效的融资方式，能够为企业提供及时的资金支持，助力企业渡过初创期的难关。

首先，天使轮融资的金额相对较小，通常在数万至数十万美元之间。这种投资规模既能够满足初创企业的资金需求，又不会给投资者带来过重的财务负担，有助于双方更好合作。

其次，天使投资采取一次性投入的方式，而非分期。这种投资方式使得天使投资者的资金尽快投入企业，短期内为企业提供更加稳定和可靠的资金支持。这有助于初创企业更加高效地利用资金，加速实现业务目标。

此外，天使投资者不仅提供资金支持，还扮演着导师和合作伙伴的角色。他们凭借丰富的经验和资源，为初创企业提供战略指导、市场洞察和人才招聘等多方面的帮助。这种全方位的支持对于初创企业的成长和发展具有重要意义。

然而，需要注意的是，天使轮融资并非万能之药。由于其规模相对较小，可能无法满足初创企业在后期发展的更大资金需求。因此，初创企业在抓住天使轮融资机会的同时，也应积极寻求其他融资方式，如风险投资、私募股权投资等，以满足企业在不同发展阶段的资金需求。

综上所述，天使轮融资对于初创企业而言具有重要意义。它不仅能够提供必要的资金支持，还能够在管理经验、人脉资源等方面为企业提供全方位的支持。因此，初创企业应积极把握天使轮融资的机会，充分利用这一融资方式的优势，为企业的快速成长和稳健发展奠定坚实基础。

5.2.3　具有较高风险

天使轮融资作为创业企业启动阶段的资金筹措方式，虽然为初创企业注入了必要的资本，为业务扩张提供了可能，但同时也蕴含了极大的风险。

这些风险主要包括如图 5-3 所示的 5 个方面。

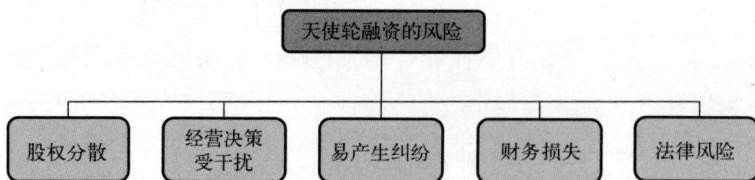

图 5-3　天使轮融资的风险

（1）股权分散

在进行天使轮融资时，企业往往需要出让部分股权，而这会导致创始人的持股比例降低，股权被分散。当股权分散到一定程度时，就可能会威胁到创始人的控制权，甚至导致其失去对企业的主导权。

（2）经营决策受干扰

天使投资者可能会对企业的经营决策产生影响。如果投资者要求更多地参与决策过程，还可能会对企业的决策效率和经营策略造成干扰。

（3）易产生纠纷

初创公司处于不稳定阶段，创始人和股东产生争议的可能性非常大。天使投资者并非专业投资机构，其对投资收益的期望可能较高，一旦未能达到预期，便容易与创始股东产生冲突。再加上初创公司抗风险能力较弱、经营困难等因素的影响，都有可能导致股东之间产生矛盾。

（4）财务损失

由于天使轮融资具有的高风险性和不确定性，对企业自身而言就是可能会面临财务损失的风险。

（5）法律风险

在天使轮融资过程中，可能会出现合同条款不明确、知识产权侵权等法律问题，这些问题可能对企业的经营和发展产生不利影响。

因此，初创企业在寻求天使轮融资时，应充分考虑各种潜在风险，并谨慎选择天使投资者，将风险降到最低。

为了降低天使轮融资的风险，企业可以采用如表 5-1 所列的 6 种策略。

表 5-1　降低天使轮融资风险的策略

策略	具体内容
市场调研	进行市场调研，选择既有丰厚资金，又有管理经验、管理能力的优秀投资者
签订协议	在融资前与投资者签订协议，通过合同条款明确双方权利和义务
设计股权架构	通过设计合理的股权架构来降低风险
跟踪管理	跟踪投资者的进展情况，定期进行评估和调整，及时止损
运用法律武器	利用法律和合同手段保护自身权益，例如签订知识产权保护协议等
优化融资组合	建立多元化的投资组合，分散风险

总之，尽管天使轮融资对于初创企业具有重要意义，但创业者必须充分认识到其中的风险，并采取有效措施进行防范和应对。通过加强市场调研、完善商业模式、提升团队能力等方式降低融资风险，并与投资者保持良好的沟通和合作关系，初创企业才能在激烈的市场竞争中脱颖而出，实现可持续发展。

5.3 天使轮融资渠道

初创企业的创始人或股东应依据天使融资的独特性，审慎选择适合的融资渠道。天使轮融资渠道可划分为自然人、团队、基金、孵化器和平台等渠道。各种渠道均具有独特优势与适用性，融资企业需根据自身需求和条件审慎抉择。

5.3.1 自然人：孤独的冒险家

自然人，即融资对象以个人为主，比如，资深企业家、风险投资专家，他们拥有相当量的财富积累。除了能为企业注入资金，还为企业提供战略规划、人才引进、公关协助及人脉资源等多元化增值服务，成为初创期企业的坚强后盾。

自然人融资模式下，主要有三大类型投资者，如图 5-4 所示。

图 5-4　自然人融资模式下的三大投资者

首先，超级天使投资者以其丰富的创业或运营经验脱颖而出。他们往往专注于自己熟悉的投资领域，并积极参与企业的日常运营，提供战略指导，助力企业飞速成长。

其次，职业性天使投资者以专业性和丰富投资经验为特点。他们专注于天使投资领域，对特定行业有深入研究。他们更倾向于扮演创业者的顾问或教练角色，并在合适的时机寻求退出策略。

最后，高科技领域内的专家凭借其丰富的专业知识和经验，更倾向于投资与自己专业领域紧密相关的初创企业。

自然人融资模式为初创企业提供了宝贵的资金支持和增值服务，对推动创新和经济增长具有重要意义。其优点在于投资决策的灵活性和对初创企业需求的快速反应。然而，该模式亦存在局限性，如融资额度相对较小，以及可能缺乏全面的战略考虑和实际操作能力、经验。

5.3.2 团队：集众人之力

团队渠道的投资主体是团队或组织，例如天使投资俱乐部、天使投资联盟及天使投资协会等。以天使投资联盟为例，它是一个由天使投资者与投资机构共同构成的组织，目标是为初创企业提供资金支持和其他必要资源，以推动其发展和壮大。天使投资联盟的成员通常由行业专家、企业家和投资者组成，他们通过分享经验和资源，协助初创企业充分发挥其潜力。

天使投资联盟可以为初创企业提供如表 5-2 所列资源。

表 5-2　天使投资联盟为初创企业提供的资源

资源	
资金支持	为企业提供必要的资金支持，帮助其实现商业计划和目标
资源共享	共享经验和资源，包括技术、市场、人才等，以帮助初创公司更好地发展
业务发展	协助初创企业拓展业务，建立合作关系，提高市场竞争力
法律、财务咨询	提供专业的法律和财务咨询服务，帮助初创公司解决运营中的问题和风险
培训和教育	为初创企业提供相关的培训和教育服务，提高其管理水平和创新能力

天使投资联盟对初创企业而言，无疑具有多重优势，然而，参与其中亦需符合一定条件并承担相应费用。由于不同组织的具体规定和条件各异，因此，深入了解相关规定，对于做出明智的决策至关重要。

天使投资联盟的主要优势在于其能够弥补单个天使投资者在融资额度、投资期限及经验方面的不足。通过汇聚多位天使投资者的资源和知识，此种团队投资模式不仅能为初创公司提供更为充裕的资金支持，还能在经验方面给予有力帮助，从而显著提升投资决策的效率和准确性。

在团队融资模式下，每位成员均可根据自身专长和经验为投资项目贡献独特价值。例如，具备行业知识和业务经验的成员可为公司提供战略建议和市场分析；而拥有财务和投资背景的成员则能为公司提供财务规划和投资策略。

此外，天使投资团队还通过组织网络活动等方式，加强成员间的联系与合作。这种互动不仅促进了信息共享和经验交流，还有助于团队成员更深入地理解和评估融资项目。

综上所述，天使投资的团队模式是一种汇聚多位天使投资者资源和知识的投资方式。通过团队的力量，我们能够更有效地克服单个天使投资者的局限，实现更为精准和高效的投资决策。

5.3.3 天使投资基金：资本的魔法师

随着天使融资市场的蓬勃发展，一种新兴的融资方式——天使投资基金逐渐崭露头角。这种结构化的融资方式不仅为投资者提供了更加专业、高效的投资途径，同时也为初创企业提供了更多的资金支持与发展机遇。

天使投资基金由一批资金雄厚、经验丰富的天使投资者发起设立。他们通过筹集资金，运用自身的专业知识和经验，对具有潜力的初创企业进行投资。例如，徐小平先生设立的真格天使投资基金，便是国内知名的天使投资基金之一。这些基金通常采用有限合伙制的架构，由普通合伙人（GP）担任基金管理人，负责投资决策和日常管理，而有限合伙人（LP）则提供资金支持，分享投资收益。

除真格天使投资基金外，市场上还有众多天使投资基金，如创业邦天使基金、联想之星创业投资基金等。这些基金的资金来源十分多元化，包括企业、外部机构、个人等。它们通常以数千万元的资金规模运作，单笔投资额度在数百万元左右。这些基金的管理团队由经验丰富的专业人士组成，他们与 A 轮风险投资（VC）联合投资作为领投，为初创企业提供资金支持的同时，也积极参与企业的管理和决策。

天使投资基金的投资对象通常是成立时间在 5 年之内的创新型企业，这些企业在技术、商业模式或业态方面具备独创性和巨大的市场潜力，且符合当地经济发展大方向。由于处于初创期或成长期，需要大量的资金支持。天使投资基金通过提供专业的投资支持和资源整合服务，助力这些企业迅速成长，实现价值最大化。

在投资策略方面，天使投资基金通常采用直接投资和引导投资基金（FOF 基金）模式。直接投资指基金直接对初创企业进行股权投资，参与企业的管理和决策。而引导投资基金（FOF 基金）则指基金通过与其他社会资本共同出资设立子基金的方式，进行间接投资。在 FOF 模式下，子基金由 FOF 基金与社会资本共同出资设立，并由专业的投资管理机构负责管理和运作。这种模式有助于扩大投资范围，降低投资风险，提高投资效益。

综上所述，天使投资基金作为一种新兴的投资方式，为天使投资市场注入了新的活力。通过机构化的运作方式，更加专业、高效的投资运营，为初创企业提供了更多的资金支持与发展机遇。随着天使投资市场的不断发展壮大，相信天使投资基金将在未来发挥更加重要的作用，为更多初创企业实现快速成长和价值最大化提供有力支持。

5.3.4　天使投资孵化器：培育未来的行业领军者

天使投资孵化器是一种结合天使投资与创业孵化功能的创新融资方式。创业孵化器主要设立于各地科技园区，为初创企业提供启动资金、优质办公环境、便捷配套设施及人力资源服务等共享资源。这种模式旨在通过综合支持，提升初创企业的生存率和成长潜力，降低创业初期的成本负担。

与此同时，天使投资机构亦积极与孵化器合作，形成一种新型的投资模式。以美国硅谷的 YC（Y Combinator）为例，作为全球领先的投资孵化器，它不仅吸引了众多知名天使投资者的参与，更成功孵化了多家被其他天使投资和风险投资机构竞相追捧的创业公司。YC 对每个项目的投资通常不超过 3 万美元，持有约 5% 的股份。尽管不提供直接的办公场地，但为初创企业配备了专业教练和创业课程。

近年来，国内的孵化器天使投资也取得了显著进展，展现出巨大的发展潜力。如李开复创立的创新工场、北京中关村国际孵化器有限公司等，均为该领域的代表。

此模式优势在于孵化器和天使投资机构的紧密合作与分工明确。孵化器专注于寻找和培育有潜力的创业项目，而天使投资机构则负责为这些项目提供资金支持。这种合作模式不仅降低了创业者的风险，提高了投资成功率，还实现了投资双方的共赢。

在运营方面，孵化器通常由民间资本或教育机构（如创投机构或高校）主导。它们通过引进成功的创业者或具有丰富行业经验的专家作为导师，为创业者提供运营管理、产品设计、发展策略等方面的专业指导。这种模式的目的是通过预估和克服创业障碍，降低创业风险，提升投资成功率。

在筛选项目时，该模式倾向于选择具有创新科技或服务模式的初创企业。对于被看好的项目，孵化器会进行天使投资，并在企业成熟后的后续融资中退出，实现股权的增值。典型的孵化器包括创新工场、启迪之星孵化器、洪泰创新空间、联想之星等。

5.3.5 天使投资平台：连接一切的可能

天使投资平台，作为一种新型的投资模式，通过互联网技术的运用，实现了投资者与初创企业之间的精准对接。相较于传统的天使融资渠道，此渠道借助专业的互联网平台，进一步拓宽了创业者的融资渠道。

此渠道的优势主要表现在以下 3 个方面。

（1）融资机会多样化

借助互联网平台，全球各地的创业项目得以汇聚，为投资者提供了更为广泛的选择空间。投资者可以根据自身的兴趣及风险偏好，挑选合适的项目进行投资。

（2）降低投资风险

平台对创业项目进行严格的审核与筛选，增强了投资的安全性。通过尽职调查，平台对项目的可行性与潜在风险进行评估，帮助投资者更为准确地判断项目的风险与收益，进而降低投资风险。

（3）专业的投后管理

平台通常提供专业的投后管理服务，协助融资者更好地管理与监督融资项目。平台会派出专业团队进行跟踪管理，及时发现并解决问题，确保项目的顺利进行。这种专业的投后管理有助于降低融资风险，提升融资回报。

天使投资平台的运作流程如图 5-5 所示。

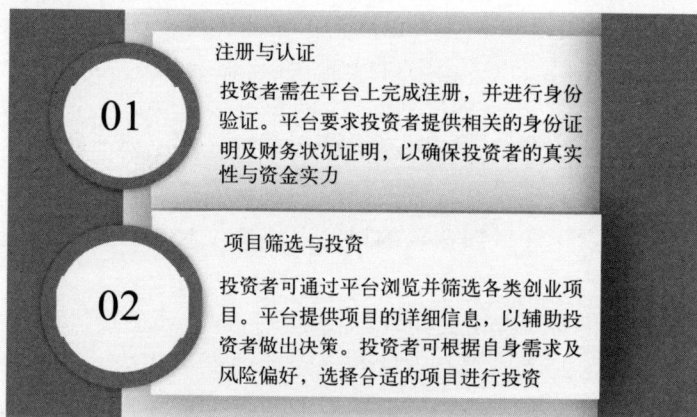

01　注册与认证

投资者需在平台上完成注册，并进行身份验证。平台要求投资者提供相关的身份证明及财务状况证明，以确保投资者的真实性与资金实力

02　项目筛选与投资

投资者可通过平台浏览并筛选各类创业项目。平台提供项目的详细信息，以辅助投资者做出决策。投资者可根据自身需求及风险偏好，选择合适的项目进行投资

图 5-5　天使投资平台融资模式的运作流程

综上所述，天使投资平台通过互联网平台实现了投资者与初创企业的有效对接，为双方提供了更为便捷、高效的投资与融资途径。同时，借助严格的审核筛选以及专业的融后管理服务，有效降低了融资风险，提升了融资回报率。

第 **6** 章

风投融资：助力项目起飞

风投融资给初创企业融资注入了一针强心剂，让项目能够快速启动、高效运转。融资企业与风投机构的合作不仅能获得大额资金投资，还可以获得其他资源支持，帮助企业快速成长并拓展市场。

6.1 什么是风投融资

风投即风险投资，风投融资顾名思义是企业依靠风险投资进行融资的一种方式。进行风投融资的企业大多是那些不具备上市资格的，处于起步和发展阶段的高成长性企业，甚至是一些尚处于构思之中的企业。

所以，通过风险投资进行融资的企业，往往是如图 6-1 所示的几类，只有这几类才有可能引起风险投资者的关注。

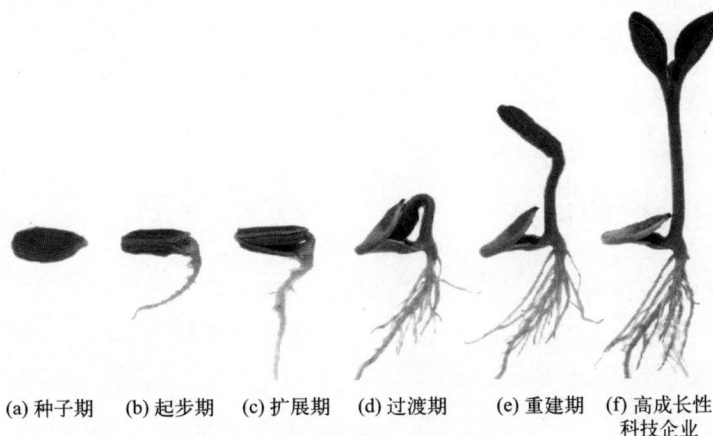

(a) 种子期　　(b) 起步期　　(c) 扩展期　　(d) 过渡期　　(e) 重建期　(f) 高成长性
　　　　　　　　　　　　　　　　　　　　　　　　　　　　　　　　　科技企业

图 6-1　适合进行风投融资的企业

风险投资又称 VC，英文 venture capital 的简称，它是职业投资者将风险资本投向新兴的、迅速成长的、有巨大竞争潜力的未上市公司，通过提供长期股权资本和增值服务，以期在对方上市、并购或其他股权转让后来获得高额投资回报的一种投资方式。

这种投资方式起源于美国，随着科技的发展和创新的加速，逐渐成为支持创新型企业发展的重要力量。近几年，国内风险投资也得到了快速发展，为创新型企业提供了大量资金、管理、法律和财务等方面的支持，促进了国内初创企业的发展。

近年来我国风投行业发展态势明显，主要呈现出四大特征。

（1）科技创新的推动

随着科技的日新月异，人工智能（AI）、大数据、云计算等前沿技术的创新与突破为风投机构带来了更多潜在的投资回报。

（2）经济转型的助力

我国经济结构的转型与升级，使得传统产业逐步向新兴产业转型发展。新兴产业的崛起为风投行业提供了广阔的投资空间。同时，政府持续加大对创新创业的支持力度，也为风投行业的发展注入了政策动力。

（3）多层次资本市场的快速成熟

随着我国多层次资本市场的日益完善，风投机构的投资路径逐渐增多。这为风投机构在投资决策时提供了更多信心与选择。

（4）生态文明成为新的投资热点

随着社会对生态环境的关注度日益提升，生态文明建设已成为风投行业新的投资方向。风投机构正积极在环保、新能源等领域寻找投资机会，为这些领域的可持续发展提供资金支持。

综上所述，我国风投行业展现出积极向好的发展态势。展望未来，随着科技创新、经济转型、多层次资本市场以及生态文明建设的持续深化，风投行业将迎来更多发展机遇与挑战。

6.2　风投融资的特点

风投融资是一种潜力和风险都高的融资方式，在高风险中追求高收益。

由此可总结出，风投融资有两大显著特点，如图6-2所示。

高收益是因为风险投资人投资的目的不

高收益　　　高风险

在高风险中追求高收益

图6-2　风投融资的特点

是控股，而是希望先取得部分股权，然后通过资金和管理权，让自己的投资增值。换句话说，当融资的企业上市，他们便可以通过出售持有的股票获取更高额回报。

而高风险，是因为其融资标准主要是基于对未来市场前景和企业成长潜力的预测。尽管在融资过程中，投资者会对融资企业进行严格的尽职调查和评估，包括企业上市、股权转让、被其他企业收购等方式，尽可能通过多种方式提高回报收益，降低投资风险，但客观风险也是存在的。数据显示，风投融资失败的可能性平均在 70% 左右。

总的来说，风投融资是一种机遇和风险并存的融资方式。作为融资企业，在获得投资者资金和管理支持的同时，也要主动帮助投资者克服可能存在的各种挑战，将风险降到最低。

除此之外，风投融资还有如表 6-1 所列的 5 个显著特点。

表 6-1   风投融资的特点

特点	具体内容
融资期限	至少在 3～5 年甚至更久，融资方式一般为股权融资，通常占融资企业 10%～49% 的股权，不要求取得控股权，也不需要任何担保或抵押
专业度高	融资决策建立在高度专业化和程序化的基础之上
一般不参与企业管理	风险投资者一般不参与被投企业的经营管理，但提供增值服务；除了种子期融资以外，一般也对被投企业以后各发展阶段的融资需求予以满足
撤出资本	由于投资者投资的目的是追求高额回报，当被投企业实现增值后，投资者会通过上市首次公开募股（IPO）、收购兼并或股权转让等方式撤出资本

6.3   风投融资的"六要素"

一项完整的风投融资活动由六个基本要素组成，包括投资者、融资者、风险资本、融资期限、融资目的和融资方式。要想更好地了解风投融资活动，必须了解其每一个组成要素。

6.3.1   投资者

投资者被认为是风投融资活动的第一要素，一般为专业风投机构或风投基金，他们通过评估融资企业的基本面、市场前景、管理团队等多个因素来做出投资决策。他们还会积极参与融资企业的经营与管理，提供更多增值服务，帮助企业实现更好发展。

投资者泛指那些在初创企业融资活动中出资金的一方。风投融资专业性高，对决策人、执行人要求极高。比如，应具有丰富的行业经验、卓越的商业洞察力、出色的管理能力及资源整合能力等。

风险投资人主要分为以下四类。

① 风险资本家。与风险投资人一样，主要是通过自己的资金进行投资，以获得更多利润。不同的是风险资本家所投出的资本全部归其自身所有，而不是受托

管理的资本。

② 风险投资公司。风险投资公司的种类有很多种，但是大部分公司通过风险投资基金来进行投资，这些基金一般以有限合伙制为组织形式。

③ 产业附属投资公司。多为非金融性实业公司下设的独立机构，代表母公司利益，主要投资特定行业，并期望获得高回报。

④ 天使投资人。主要投资初创公司帮助其启动，特指在企业创立初期便进行投资的投资人。

投资者的能力和素养往往决定着风投融资活动的成功与否，优秀的投资者不仅是风投融资的基石，也是推动投资活动向前推进的动力源泉。充满活力、富有创造力的投资者，能够为风投融资提供强大的支持，助力实现更高的回报。同时，也可以为被投资企业创造更多价值。所以，我们反过来看这个问题，对融资企业而言，在选择决定采用某项风投融资前，最先要考虑的是投资者的身份和背景，这对后期整个融资活动的顺利进行至关重要。

那么，从哪些方面来判断风投融资中的投资者是否合格呢？可以重点看如表 6-2 所列的 7 个方面。

表 6-2　判断风投融资中投资者是否合格参考的 7 个方面

投资者判断标准	具体内容
长期投资眼光	风险投资是一种长期投资，需要投资者具备长远的战略眼光和耐心，能够理解并接受短期内可能不会获得高额回报的投资
行业经验	风险投资涉及的行业广泛，投资者需要对特定行业有深入的了解和经验，以便更好地评估投资机会和风险
资源整合能力	风险投资的成功往往需要整合各种资源，包括资金、人才、市场渠道等。投资者需要具备整合这些资源的能力，帮助被投资企业快速成长
风险管理能力	风险投资的风险较高，投资者需要具备完善的风险管理能力，包括风险识别、评估、控制等方面，以降低投资风险
良好的沟通和协调能力	风险投资涉及多方利益相关者，投资者需要具备良好的沟通和协调能力，能够与利益相关者进行有效沟通和协商
创新思维和创业精神	风险投资往往涉及创新型企业和创业项目，投资者需要具备创新思维和创业精神，能够理解并接受新兴市场的挑战和机遇
资金实力	风险投资需要大量的资金投入，投资者需要具备足够的资金实力，能够为被投资企业提供必要的资金支持

总之，风险融资需要寻找具有长期投资眼光、行业经验、资源整合能力、风险管理能力、良好的沟通和协调能力、创新思维和创业精神以及资金实力的投资者。这样的投资者才能为企业带来必要的支持和帮助，从而实现风险融资的商业目标。

6.3.2　融资者

在风投融资过程中，融资者占据至关重要的地位，直接决定着投资者的资本将流向何处。初创企业在寻求风投融资前，首先是对自身进行自我评估，确保满足投资者的各项要求。

表 6-3 详细列举了投资者在选择融资者时所考虑的关键因素，换句话说，就是作为融资者应满足投资者的要求，具体包括市场潜力与增长趋势、技术与产品创新、管理团队素质、财务状况与健康度、行业地位与竞争优势、风险管理控制以及投资退出策略。

表 6-3　投资者选择融资者时所考虑的因素

因素	具体内容
市场潜力与增长趋势	对企业所处的市场环境进行全面评估，涵盖市场规模、竞争格局及未来发展趋势，以判断其潜在增长动力
技术与产品创新	投资者偏好拥有独特创新技术和先进产品理念的企业，因其通常具有更高的投资回报潜力
管理团队素质	一个高效的管理团队对于企业的成功至关重要。因此，对团队的经验、能力及执行力进行深入评估是投资者的必做功课
财务状况与健康度	详细分析企业的财务状况，包括收入、利润、现金流和负债情况，以确保其具备稳健的财务基础，能够支持未来的持续发展
行业地位与竞争优势	评估企业在行业中的地位及其竞争优势，探讨其是否具备独特性和差异化特点，从而判断其在竞争激烈的市场环境中的胜算
风险管理控制	鉴于风险投资的高风险性，应对融资者进行全面的风险评估，包括市场风险、技术风险、经营风险，并评估企业应对这些风险的能力
投资退出策略	制定明确的投资退出策略是选择融资对象时的重要考量因素。了解企业未来的上市计划或潜在收购意向有助于投资者合理规划退出路径

因此，初创企业作为融资方，需对自身的市场定位、团队构成、财务状况、风险管理和退出策略等方面进行全面深入分析和评估。

6.3.3　风险资本

风险资本是指融资者从投资者处募集到的资本，由于这些资本有较大的不确定性与风险性，所以叫风险资本。

不过，作为一种特殊的资本，高风险也预示着高回报，大量被运用于推动创新型企业或初创企业的成长和扩张。

风险资本在投资者与融资者之间扮演着桥梁的角色，其地位和作用如图 6-3 所示。

投资者主要由专业的风险投资公司或风险投资基金组成，而融资者则主要是创新型企业或初创企业。投资者通过提供资金、战略指导以及业务拓展等多方面

图 6-3　风险资本的地位和作用

的支持，与融资者共同面对风险，助力企业克服初创期的种种困难，以期实现快速的业务增长和扩张，进而获得可观的投资回报。

投资者在向融资者投资时，主要通过债券直接投资和购买发行股票的方式投资，具体投资方式取决于投资者的策略及融资企业的需求。投资方式可以是股权投资、债权投资或其他形式。风险资本作为一种权益资本，在推动经济发展、促进就业、提高技术创新能力等方面起着重要的作用。

在全球范围内，风险资本已经形成了多种成熟的运作模式，多数以公司的形式设立。根据不同国家的情况，风险资本的运作主要分为有限合伙制和公司模式两种。

在有限合伙制中，投资者作为有限合伙人出资并对合伙企业承担有限责任，而基金管理人作为主要合伙人负责风险投资的具体运作并对合伙企业承担无限责任。而在公司模式中，风险资本则以股份公司或有限责任公司的形式设立，如美国的《投资公司法》就规定了风险资本的设立方式。这些运作模式的存在，为风险资本的运作提供了规范和保障。

6.3.4　融资期限

投资者将资金注入被投资企业，通过持有其股份来获取未来的收益。而从资金投入到收入变现，通常会有一个较长的期限，这个期限就是融资期限。这是因为在初创企业的成长过程中，往往需要经历多个阶段，包括研发、市场推广、产品迭代等，这些都需要大量的时间和资金支持。

风险融资的期限，通常指的是从投入被投资企业起至撤出投资为止所间隔的时间。在这个过程中，风险投资者会根据企业的发展情况、市场环境以及自身的投资策略等因素，来决定何时撤出投资。一般来说，当企业实现盈利、市场份额稳定或达到某个特定的战略目标时，风险投资者可能会考虑撤出投资。

在风险融资的期限方面，不同的投资者和企业可能会有所不同。一些投资者可能更倾向于短期投资，通过快速撤出资金来实现收益；而另一些投资者则可能更愿意长期陪伴企业成长，与企业共担风险、共享收益。同时，企业的成长速度、市场潜力等因素也会对风险资本的期限产生影响。

值得一提的是，风险资本的期限并不是一成不变的。在投资过程中，投资者和企业任何一方都可以根据实际情况进行调整。例如，当企业面临市场困境或技术难题时，投资者可能会延长投资期限以支持企业渡过难关；反之，当企业表现出色、市场前景广阔时，投资者也可能会提前撤出投资以获取更高的收益。

6.3.5 融资目的

企业选择通过风险投资（风投）进行融资，其背后的目的往往是多方面的。这不仅包括了缓解资金紧张的直接需求，还涵盖了通过技术创新、优化内部管理结构以及探索新的产业增长点等战略层面的考量。

（1）解决资金短缺问题

资金是企业发展的血液，解决资金短缺问题是企业采用风投进行融资的最直接目的。风险投资作为一种高风险但同时伴随高收益的投资方式，能够为企业提供快速的资金注入，特别是在企业初创阶段，这种资金的注入能够有效缓解企业发展的资金瓶颈。有了充足的资金作为后盾，企业能够更加灵活地应对市场变化，抓住商业机会，拓展业务范围，从而在激烈的市场竞争中占据有利位置。

（2）促进技术创新

促进技术创新是风投融资的另一个关键目的。风投融资不仅为企业带来资金，还通过其丰富的资源网络和专业知识，帮助企业解决在技术创新过程中可能遇到的资金和资源限制问题。风投的参与可以为企业提供必要的资金保障，加速新技术和新产品的研发进程，从而增强企业的核心竞争力。

（3）优化内部管理结构

优化内部管理结构同样是风投融资的重要目标之一。风投融资的介入往往伴随着企业股权结构的调整，引入新的投资者和管理者，这有助于完善企业的决策机制，减少因个人决策失误带来的风险。风投所带来的专业知识和经验，能够帮助企业构建更加科学合理的管理体系，从而提高整体运营效率和管理水平。

（4）寻求新的产业增长点

寻求新的产业增长点是企业采用风投融资的长远目标。风投融资不仅提供资金支持，还利用其广泛的行业资源和丰富的经验，帮助企业探索新的商业机会，制定切实可行的商业计划，并在企业准备上市等关键阶段提供必要的支持和信任。

总的来说，企业通过风投进行融资的目的广泛而深远，既包括了缓解资金紧张的现实需求，也包括了促进技术创新、优化内部管理结构以及探索新的产业增长点等战略目标。这些目的共同作用，有助于推动企业的持续发展和市场竞争力的提升。

6.3.6 融资方式

融资方式取决于投资者的投资方式，投资方式按照资金入场形式划分，主要包括以下三种形式。

第一，直接投资，即直接向目标企业提供资金支持。此种投资方式在业界占据主流地位，风险资本常采用分期分批的投入策略。其优势在于能有效降低投资风险，提升资金利用效率，并加快资金周转速度。

第二，以信贷形式提供贷款或贷款担保。这种投资方式，即一次性投入，相对较为罕见。风险资本家或天使投资人偶尔会采用此方式，但因后续在资金管理上比较麻烦，选择时需谨慎评估。

第三，混合投资方式。在风险投资领域，混合投资方式正逐渐受到更多人的青睐。此种方式兼具直接投资和提供贷款或贷款担保的优势，既能为企业提供必要的资金支持，又能通过购买股权与企业建立紧密的合作关系，共同推动企业发展。

在混合投资方式下，风险投资机构会针对被投资企业的实际情况，制定个性化的投资方案。对于资金需求大但风险较高的企业，机构可能倾向于提供更多贷款或担保资金以降低风险；而对于具有稳定盈利模式和良好市场前景的企业，则可能更多采用直接投资方式，通过持有股权获取更多回报。

总体而言，风险融资方式的选择应基于对投资者的全面评估和对投资目标的明确界定。在具体决策过程中，应充分考虑投资风险、资金利用效率以及企业的长期发展需求。

总结起来，在具体选择时可以结合以下 6 个方面来做。

① 深入了解融资项目。包括全面研究项目的商业模式、市场前景及团队能力等。通过与创始团队深入沟通、仔细审查相关资料以及进行市场调研，可以更全面地掌握项目的优势与不足。

② 确定合适的融资阶段和融资金额。根据对项目的了解和风险评估结果，确定合适的融资阶段（如种子轮、天使轮、A 轮等）及投资金额，确保融资阶段和金额与项目的实际需求相匹配。

③ 全面评估融资风险。包括市场风险、技术风险、管理风险等多个方面。通过全面评估，可以确保融资的安全性。

④ 协商融资条款，确保双方利益。根据融资阶段和金额，与创始团队就估值、股权比例、董事会席位、保护条款等关键条款进行深入协商。确保这些条款既符合双方的利益，又具备明确的退出机制。

⑤ 确保合规合法。在签署相关协议时，务必注意合规性和法律风险，确保交易的顺利进行。

⑥ 持续监控项目发展状况。持续关注项目的发展状况，并提供必要支持是风险投资者的重要职责。同时，对风险进行持续监控，以便及时采取应对措施。

综上所述，在确定采用风投融资方式时，必须全面地考虑各种因素，以做出最合理的选择。

第**7**章

私募融资：为非上市企业注入资金活水

私募融资，是一种专为非上市企业设计的融资方式，为企业在获得上市资质前提供稳定的经济支持。通过私募融资，企业可以有效缓解资金紧张状况，确保稳健运营，并为未来的上市奠定坚实基础。

7.1 私募融资：拯救非上市企业资金荒的利器

在金融市场的大潮中，私募融资以其独特的魅力，成为非上市企业解决资金难题的利器。与首次公开募股（IPO）相比，私募融资以其灵活性和私密性，为那些尚未满足银行贷款条件或上市要求，或已上市但股权非公开交易的企业，提供了一种重要的资金筹措途径。它不仅能够有效缓解这些企业的资金压力，还有助于塑造其在资本市场的积极形象，为其未来的上市之路奠定坚实基础。

那么，什么是私募融资呢？私募融资亦称为"私募配售"，是一种相对隐秘的融资方式。它主要通过非公开渠道，将资金需求方与特定的投资者连接起来。这些投资者可能包括跨国企业、产业投资基金、风险投资基金等具有雄厚资金实力和丰富投资经验的机构或个人。通过私下协商、招标等方式，有融资需求的企业能够获得所需的资金支持，实现资金的优化配置和高效利用。

私募融资受到非上市企业的青睐，其优势在于其灵活性和私密性。首先，私募融资不受公开市场的严格监管，因此在资金的使用、偿还等方面具有更大的自主性。企业可以根据自己的实际需求，量身定制融资方案，更加贴近自身的发展战略。

其次，私募融资的参与者多为专业投资者，他们具备丰富的投资经验和敏锐的市场洞察力，能够为企业提供更加专业的建议和支持。此外，私募融资的私密性也有助于保护企业的商业秘密和核心竞争力，避免在公开市场上引发不必要的关注和竞争。

除此之外，私募融资还与其他融资方式有很多不同之处，有自己显著的特点，具体如图 7-1 所示。

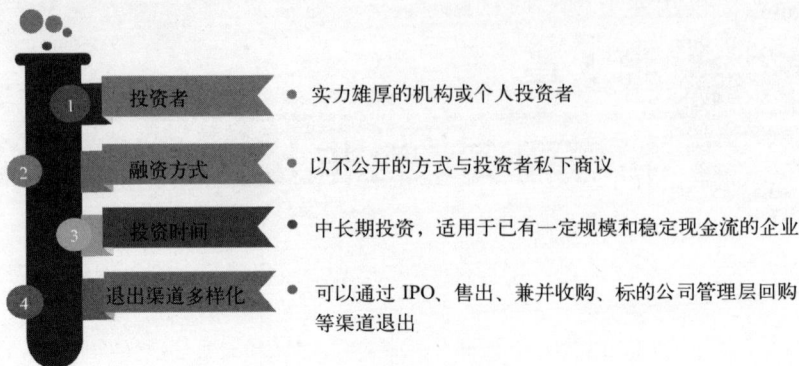

图 7-1　私募融资的特点

7.2　私募融资的分类

私募融资按照资金的性质，可以进一步分为私募股权融资和私募债务融资，具体内容如图 7-2 所示。

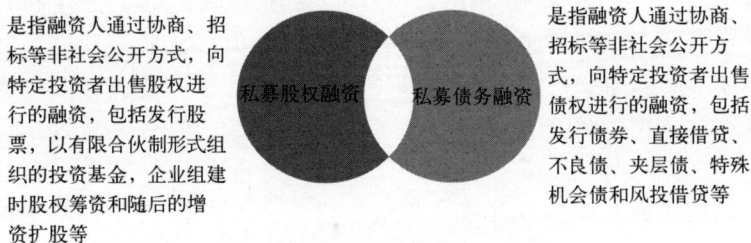

是指融资人通过协商、招标等非社会公开方式，向特定投资者出售股权进行的融资，包括发行股票，以有限合伙制形式组织的投资基金，企业组建时股权筹资和随后的增资扩股等

私募股权融资　　私募债务融资

是指融资人通过协商、招标等非社会公开方式，向特定投资者出售债权进行的融资，包括发行债券、直接借贷、不良债、夹层债、特殊机会债和风投借贷等

图 7-2　私募股权融资和私募债务融资的具体内容

7.2.1　私募股权融资：携手共进

相较于公开的融资，私募股权更具灵活性个性化，满足了融资企业在不同发展阶段的特定需求，开拓了新的融资途径。

私募股权融资起源于美国的 KKR 集团，该集团起源于华尔街知名投资银行贝尔斯登的金融部门。1976 年，该银行的三位投资银行家克拉维斯、罗伯茨及其导师科尔博格共同创建了 KKR 集团，其名称即源于这三人姓氏的首字母，象征着他们紧密的合作伙伴关系与共同的创业精神。KKR 集团的成功不仅树立了私募股权行业的典范，也为后来的投资者提供了宝贵的经验与启示。

私募股权融资对初创企业具有极大吸引力，原因主要在于其能提供定制化的融资解决方案，并不局限于传统的方式。它根据企业所处的特殊阶段、发展实际和市场需求，提供个性化的资金支持，迅速解决初创企业资金不足的问题。同时，它还能为企业提供战略上的支持和指导，使企业在激烈的市场竞争中站稳脚跟，为快速发展和长期稳健成长奠定基础。

私募股权融资的另一显著优势是其投资期限相对较长。与短期投资不同，私募股权投资者更注重企业的长期价值，愿意为企业提供稳定的资金支持。这不仅有助于企业在发展过程中应对各种风险和挑战，还能为企业创造更大的价值，实现可持续发展。

然而，这种融资方式也面临一定的风险，如市场波动性大、退出机制相对复杂等。为应对市场波动性大的风险，企业需要具备一定的风险承受能力和投资经验，在融资过程中准确判断市场趋势，把握投资机会。同时，私募股权的退出机制相对复杂，要求企业具备丰富的市场认知和投资经验。在选择退出时机和方式时，需综合考虑市场环境、企业价值和投资者利益等因素，以实现最佳的退出效果。

综上所述，私募股权融资作为一种重要的融资方式，正日益受到初创企业经营者的青睐。在未来的金融市场中，私募股权融资将继续发挥重要作用，为企业带来更多的机遇。

7.2.2 私募债务融资：稳健前行

私募债务融资作为私募融资的重要补充，在初创企业融资领域正发挥着日益重要的作用。特别是在经济发展趋势未明、市场环境多变的大背景下，私募债务融资为企业发展初期提供了一种稳健的融资策略。

私募债务融资的崛起，源于投资者对风险控制的重视。当企业发展前景不明朗或整体经济环境不佳时，投资者往往会减少股权投资，转向债务投资。这是因为与股权投资相比，债务投资风险更低，回报更稳定。以 2022～2023 年度为例，随着经济形势变得严峻，私募股权融资面临着通胀压力、利率上升和经济增长放缓等多重挑战。在这种情况下，许多投资者开始优化投资组合，将私募债务融资作为重要的投资方向。

私募债务融资种类繁多，包括直接借贷、不良债、夹层债、特殊机会债和风投借贷等，为企业提供了多样化的融资选择。在众多私募债务融资方式中，直接借贷基金备受瞩目。数据显示，在市场低迷的 2022 年，有 48% 的机构投资者参与了直接借贷基金的投资，显示出直接借贷基金在私募债务融资市场中的重要地位。

直接借贷基金受到广泛关注，主要得益于其独特的投资策略和风险控制机制。该基金主要投资于税息折旧及摊销前利润（EBITDA）低于 5000 万美元的公司贷款，这些贷款通常具有较高的回报率。此外，贷款机构对中小型公司的贷款审查和交易条款更为严格，有助于保护投资者在信贷表现不佳时的利益。一旦融资企业违约，贷款机构将优先获得偿还，从而降低了投资风险。此外，直接借贷基金的交易结构灵活，能够以较少的债务、更灵活的契约和更多的缓冲资金达成交易。这种灵活性使企业在面临经济不确定性时能够通过调整债务结构和优化融资策略，更好地在复杂的市场环境中实现稳健发展。

综上所述，私募债务融资作为一种稳健的融资策略，为企业提供了多样化的融资选择。在经济形势不明朗、市场环境复杂多变的背景下，企业应积极利用私募债务融资这一融资方式，化被动为主动，实现稳健发展。同时，投资者也应关注私募债务融资市场的变化和发展趋势，把握投资机会，实现资产的保值增值。

7.2.3 私募基金融资：汇聚智慧

在私募融资这个大家庭中，私募基金无疑是最重要的成员之一，也是体量最大的，持有期限长，其所带来的收益也比较丰厚。

私募基金作为一种非公开募集的投资基金，有多种类型，可选择空间非常大，从而吸引了众多融资企业的目光。私募基金的 4 种类型如图 7-3 所示。

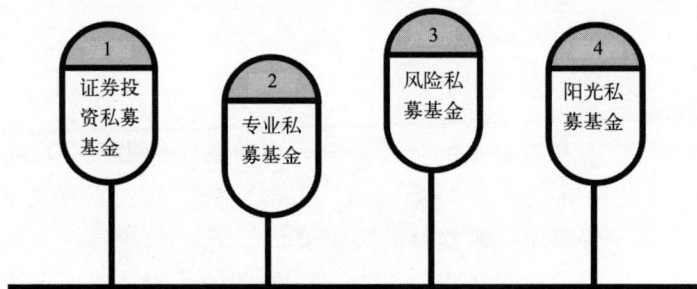

图 7-3　私募基金的 4 种类型

（1）证券投资私募基金

在当今的金融市场中，企业利用证券投资私募基金进行融资已经成为私募基金中最常见的一种方式。这种方式之所以受到广泛欢迎，是因为它为投资者提供了多种选择，包括但不限于股权、债权、股票、债券、期货、期权等多种投资工具。这种灵活性使得投资者可以根据自己的风险偏好和投资目标，选择最适合自己的投资方式。

此外，私募基金管理人通常会根据市场的变化灵活调整投资策略，这种策略的灵活性也是私募基金受到投资者青睐的重要原因之一。然而，采用这种方式的劣势在于信息披露较少，与公募基金相比，对私募基金的信息披露要求相对较低。同时，私募基金的门槛较高，投资者需要满足一定的财务条件，例如个人金融资产不低于一定金额。

因此，在进行证券投资私募基金的投资时，投资者应充分了解基金的投资策略、风险控制措施以及管理人的专业能力，以确保投资的安全性和收益性。

（2）专业私募基金

企业利用专业私募基金进行融资的好处在于，可以对资金进行专业投资管理，并灵活使用资金，从而降低融资成本。专业私募基金最大的优势在于其专业度较高，拥有专业的团队帮助打理，能够根据企业的不同需求提供定制化的融资解决方案。无论是需要资金支持，还是其他资源支持，专业私募基金都能为企业量身定制最佳方案。

（3）风险私募基金

风险私募基金是风险最大的一种基金类型，但同时，它的回报也相对较高。这类基金适用于那些具有上市潜力的企业，通过与投资者分享股权的方式，促使其对企业进行投资。虽然这种融资方式风险偏高，但对投资者的吸引力非常大。因为背后有丰厚的利润潜力，即如果所投资的企业某天成功上市，投资者所能获得的收益会成倍增长。

（4）阳光私募基金

阳光私募基金，是一种借助信托企业发行的，经过监管机构备案，资金实现第三方银行托管的基金。阳光私募基金与其他私募证券基金的主要区别在于其"透明度高"，定期公开披露净值，由于借助信托企业平台发行，所以安全性也非常高。

阳光私募基金一般由投资顾问企业作为发起人，投资者作为委托人，信托企业为受托人，银行是资金托管人，证券企业作为证券托管人。这种结构确保了资金的安全性和透明度，为投资者提供了更加可靠的保障。

总之，私募基金融资就像一场狂欢！它汇聚了各路精英的智慧和力量，为融资企业带来了无限可能。无论是寻求资金支持，还是寻求资源和策略上的帮助，私募基金都能提供一个多元化的平台，让企业与投资者共同成长，共同分享成功的喜悦。

7.3 企业利用私募进行融资的策略

私募融资作为一种灵活而高效的融资方式，已逐渐成为许多初创企业融资的重要渠道。为了成功地利用私募融到资，融资企业需要掌握一些策略。

（1）精选投资方

企业在私募融资过程中，选择与自身发展阶段及业务领域高度契合的私募投资者至关重要。这种精准的匹配能够确保投资者对企业业务有深刻理解与支持，进而为企业的长期发展提供稳定资金保障。

（2）估值策略

在私募融资中，合理确定企业估值是核心环节。企业需借助专业财务分析及市场比较，避免对企业价值的高估或低估，因为这将直接影响融资效果及企业市场形象。

（3）股权结构设计

融资过程中，合理安排股权结构是维护企业控制权的关键。融资方应通过股权结构设计，确保在引入外部资本的同时，保持对企业的控制权，保障企业战略方向及运营决策的独立性。

（4）融资方案设计

详尽的融资方案是融资成功的核心。方案中应明确资金用途，包括但不限于产品研发、市场拓展、设备更新等，并制定合理的还款计划，确保企业能够按时偿还融资款项，维护企业信用。

（5）法律法规遵守

私募融资过程中，企业必须确保融资行为完全符合国家相关法律法规。这不仅包括证券法、公司法等基本法律，还可能涉及特定行业的监管规定，以避免法律风险。

（6）信息披露

透明的信息披露是获得投资者信任的基础。企业需向潜在投资者充分披露运营状况、财务状况、市场前景及可能面临的风险因素，使投资者能够做出明智的投资决策。

（7）风险管理

私募融资过程中，建立完善的风险管理体系是降低融资风险的有效途径。企业应识别并评估融资过程中可能遭遇的各种风险，并制定相应应对策略，确保融资活动顺利进行。

（8）后续跟进

私募融资成功后，与投资者保持持续沟通与跟进至关重要。这不仅有助于解决融资后可能出现的问题，还能加强投资者对企业的信心，为未来进一步合作奠定良好基础。

最后从投资者的角度，整理一份投资者关注度最高的企业有哪些共同特征。一般来讲，具有如表 7-1 所列特征。

表 7-1　最受投资者青睐的企业具有的特征

特征	具体内容
1	所从事的行业具有高成长性、高增长率

续表

特征	具体内容
2	在行业处于领导地位，或有较高的知名度
3	企业内部有完善领导班子和董事成员，确保企业的稳定运营
4	业绩优良，主营业务盈利空间大
5	拥有核心技术，技术含量高、研发能力强
6	尊重人才，能吸引和留住高质量人才

7.4 私募融资的三个阶段

私募融资作为一种非公开的、面向特定投资者的融资方式，对于企业的发展起着至关重要的作用。它通常包括三个阶段，每个阶段都有其独特的特点和重要性。下面，将详细探讨私募融资的这三个阶段。

7.4.1 阶段一：从公布项目到签署协议

私募融资金过程涵盖三个阶段，其中第一个阶段为从初步公布融资项目至最终签署协议。这一阶段又可以分为六大步骤。

① 公布项目信息。企业借助多元渠道，如投资银行、风险投资机构、天使投资人等，或依托自身资源，广泛向潜在投资者项目信息。

② 初步筛选与评估。在公布项目信息后，企业需对有意向的投资者进行初步筛选与评估，以确保投资者、项目、企业的战略目标和投资准则相契合。

③ 尽职调查。若初步评估结果较好，企业将对投资者进行深入细致的尽职调查，全面了解具体细节与潜在风险。

④ 草签意向书。尽职调查完成后，若企业决定继续推进，将与投资者签署意向书，明确双方的合作意愿与基本条件。

⑤ 购买协议磋商与签署。在完成尽职调查并草签意向书后，双方将进入正式的合同磋商环节。此环节涉及诸多细节与条款，需双方共同审慎审查与讨论。待双方达成一致后，将正式签署购买协议。

⑥ 资金筹措。签署购买协议后，企业需筹集必要的资金以完成交易。这可能涉及与银行或其他金融机构的贷款或股权融资合作。资金筹措完成后，且满足所有合同条件，企业将正式完成与项目的交易。在此过程中，企业应严格遵守相关法律法规，并采取有效措施管理潜在风险。此外，高效的沟通与谈判技巧对于达成协议同样至关重要。

请注意，上述流程仅为一般性描述，实际操作可能因企业情况、行业惯例及市场环境而有所差异。因此，企业在进行私募融资时，应根据实际情况灵活调整，并在法律和财务顾问的指导下，确保所有步骤均符合法律和财务规定。

7.4.2　阶段二：从签署协议到交易结束

从签署协议到交易结束是私募融资的第二个阶段，这是一个复杂而精细的过程。这个阶段同样涉及多个步骤，每个步骤都对融资的最终成功与否产生重要影响。以下是对这一阶段的详细论述。

（1）签署协议

在私募融资的过程中，签署协议是至关重要的一步。这一步骤中，企业需要与投资者就融资的数额、价格、条款和条件等各项要素进行详细的协商，并最终达成书面协议。书面协议不仅明确双方的权利和义务，还为后续的融资流程提供了法律保障。

（2）尽职调查

这里的"尽职调查"是投资者对融资企业的调查，在签署协议之后，投资者将会对企业进行详尽的尽职调查。这一步骤的目的是全面了解企业的财务状况、业务前景、风险因素等核心信息。尽职调查通常包括财务审计、法律审查、业务评估等多个方面，以确保投资者能够做出明智的投资决策。

（3）商讨交易细节

根据尽职调查的结果，投资者会与企业进一步商定交易的各项细节。这些细节包括但不限于投资金额、股权分配比例、公司治理架构等。作为融资方要与投资者充分沟通，确保在交易条件、利益分配等方面达成一致。

（4）交易结算

当交易的各项细节确定后，投资者将投资款项支付给企业，标志着交易的结算完成。交易结算通常涉及资金的转移、税务处理等多个环节，企业要确保严格遵守相关的法律法规和监管要求。

（5）交易完成公告

在交易结算完成后，企业要通过正式公告向投资者披露私募融资交易的结果。这一步骤不仅有助于提升企业的透明度，也有助于增强投资者对企业的信心。

（6）股权变更登记

交易结束后，企业需及时完成相关股权变更登记程序。这一步骤是确保投资者合法权益的关键环节，也是整个私募融资流程的重要组成部分。通过股权变更登记，投资者的权益将得到法律的认可和保护。

（7）投资者参与企业管理

在完成股权变更登记后，投资者将正式成为企业股东，并参与到企业的管理和决策过程中。这一步骤对于促进企业与投资者之间的合作、实现共同利益具有重要意义。投资者可以通过参与企业治理，更好地了解企业的经营状况和发展方向，同时也为企业的长远发展提供有力支持。

私募融资的第二个阶段涉及多个内容。这些内容相互联系、相互作用，共同构成了私募融资的交易过程。通过深入理解和认真执行这些步骤，企业和投资者可以更好地完成私募融资交易，实现共同的发展目标。

7.4.3　阶段三：从交易结束到退出

私募融资的第三阶段，即从交易结束到退出，是整个融资过程中最为关键的一环。它不仅标志着企业与投资者合作的正式完成，更是为企业未来的发展奠定了坚实基础。这一阶段涉及多个重要步骤，需要各方严谨、稳重、理性应对。

具体步骤如图 7-4 所示。

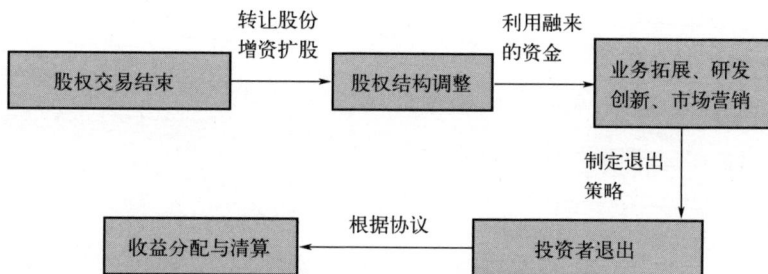

图 7-4　私募融资从交易结束到退出步骤

首先，股权交易的结束是整个阶段的起点。在这一环节，企业与私募投资者经过多轮磋商和谈判，最终达成了合作协议。达成合作后，投资者开始投入资金，企业将获得宝贵的资金支持，为未来的发展注入强大动力。

接下来，股权结构的调整成为必然。根据融资交易的条款，企业需要对自身的股权结构进行相应的调整。这可能涉及向私募股权投资机构转让股份、增资扩股等操作。在这一过程中，企业需要充分考虑各方利益，确保调整的合理性和公平性。同时，投资者也会根据自身需求，提出合理的建议和要求。

获得融资后，企业迎来了新的发展机遇。企业可以利用这些资金进行业务拓展、研发创新、市场营销等经营活动，进一步提升市场竞争力和品牌价值。在这一阶段，企业需要制定明确的发展战略和计划，确保资金的有效利用和企业的持续发展。

然而，随着企业生存的市场环境变化，投资者也需要考虑自身的退出策略。退出策略的制定需要综合考虑多种因素，包括市场环境、企业发展状况、投资策略等。常见的退出方式包括企业上市、并购交易、股份回购等。在选择退出方式时，投资者需要权衡风险与收益，做出最为明智的决策。

　　退出策略的制定只是第一步，真正的挑战在于退出实施的过程。根据确定的退出策略，投资者需要采取相应的行动来实现资金的撤离。例如，如果选择上市路径，投资者需要协助企业完成 IPO 申请、路演等上市前的准备工作；如果选择并购退出，则需要寻找合适的并购方、进行尽职调查、协商并购条款等。在这一过程中，投资者需要充分发挥自身的专业优势和市场资源，确保退出的顺利进行。

　　最后，当投资者成功实现退出后，就需要进行收益分配与清算工作。根据投资协议中约定的方式，投资者将所获得的回报分配给投资者。这一环节需要保证公平、透明和合规性，确保各方利益得到充分保障。同时，投资者也需要对企业的未来发展保持关注和支持，为企业的持续发展提供有力的支持和保障。

　　总的来说，私募融资第三阶段是一个充满挑战和机遇的过程。在这一阶段中，企业需要与投资者紧密合作、相互支持、共同应对各种挑战和机遇。只有这样，才能确保私募融资的顺利完成。

第 8 章

债权融资：低成本、高效获取资金

债权融资是初创企业通过举债的方式进行融资的一种方式。与股权融资相比，具有成本较低、融资速度较快的特点，尤其适合短期内资金缺乏的初创企业，能保证企业低成本、快速有效地获取外部资金，增加现金流。

8.1 债权融资与股权融资的区别

对于许多初创企业来说，选择债权融资，还是选择股权融资，很多时候是很难的。虽然"债"和"股"只有一字之差，但有着很大区别。下面将从五个方面深入探讨两者的区别，帮助读者更好地理解两种融资方式，并做出明智的选择。

这些区别主要体现在如图 8-1 所示的 6 个方面。

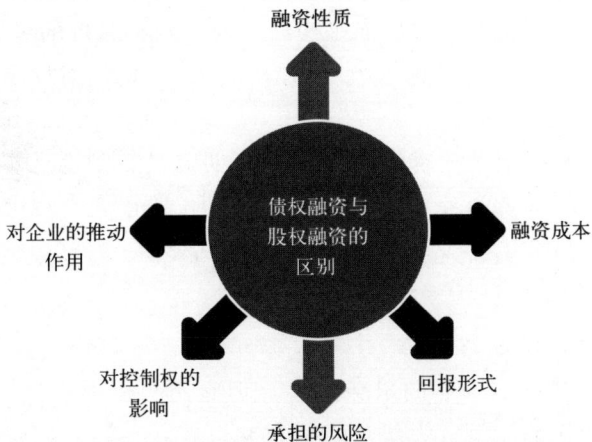

图 8-1 债权融资与股权融资的区别

（1）融资性质

债权融资是企业通过发行债券、向银行贷款等金融手段筹集资金，并承担相应债务责任的行为。在此行为中，债权人获得固定利息或本金回报，但不享有企业经营和管理权。相较之下，股权融资则是企业通过发行股票、引入投资者等方式筹集资金，同时出让部分企业所有权。股东在享有企业利润分配的同时，亦拥有对企业的投票权和管理权。

（2）融资成本

股权融资成本高于债权融资成本。股权支付的是股利，而股利需要从税后利润中支付，不具备抵税作用；债权融资属于债务性资金，支付的是利息，这部分费用是在税前列支，则具有抵税的作用。从这个角度来看，股权融资成本一般要高于债权融资成本。

（3）回报形式

债权融资是有偿使用资金的一种融资方式，对所获得的资金只有使用权没有所有权，而且使用是有成本的，到了约定期限，企业不但要向债权人偿还本金，还要承担利息。这也决定了其融到的资金数额不会特别大，主要用以解决企业短期内资金短缺问题，而不会用于资本项下的其他开支。

股权融资则不同，这是企业股东以让出部分企业所有权，换取未来新股东增资的一种融资方式。融到的资金额度往往很大，而且无须还本付息，融资方需要付出的是保证新股东与老股东一样分享企业盈利与增长的利润。这也决定了股权融资的资金用途十分广泛，既可以充实企业的营运资金，也可以用于企业的再投资活动。

（4）承担的风险

股权融资与债权融资在风险层面呈现出不同。股权融资的风险通常相对较低，因为融资方无须承担固定的付息压力。同时，普通股也没有固定的到期日，从而消除了还本付息的融资风险。

相对而言，债权融资则要求融资方承担按期付息、到期还本的义务，这是其必须履行的责任。然而，当公司面临经营困境时，债权融资可能带来巨大的付息和还债压力，甚至可能因资金链断裂而引发破产风险。因此，发行债券融资的方式会面临显著的财务风险。

（5）对控制权的影响

债券融资虽然会增加企业的财务风险，但它不会削减股东对企业的控制权。这是与股权融资相比的一个巨大优势，债权融资在一些特定的情况下可能带来债权人对企业的控制和干预问题，通常不会产生对企业控制权的问题。

而股权融资中，新股东会稀释现有股东对企业的股权，相应的企业的控制权也就会被弱化。因此，对于融资方来讲，一般是不愿意发行新股的，随着新股的发行，流通在外面的普通股数目必将增加，结果就是导致每股收益、股价下跌，进而对现有股东产生不利影响。

（6）对企业的推动作用

股权融资对于初创企业的推动效应是多元化的。发行股份构成企业的永久性资本，构成企业稳健运营与抵御风险的重要基石。随着主权资本的积累，企业的信用价值得以提升，信誉得以增强，从而为企业发行更多的债务融资提供了坚实的支撑。

相对而言，债权融资主要侧重于增多初创企业的现金流。企业通过发行债券能够获得资金的杠杆收益，无论盈利状况如何，仅需按照事先约定的利率支付利息及到期时的本金。随着企业盈利能力的提升，企业还有机会获得更大的资本杠杆收益。此外，企业还可以发行可转换债券和可赎回债券，以更加灵活和主动的方式调整资本结构，从而实现资本结构的优化。

8.2　债权融资方式多样化

债权融资的方式有很多，初创企业在使用时，要充分考虑自身的经营状况，制定合理的融资策略，确保融资风险的可控、可持续发展。

案例 1

某机械制造企业为扩大生产规模，计划引进先进生产线和设备。然而，自有资金不足以覆盖全部资金需求，因此该企业决定采用债权融资策略来解决资金难题。经与银行沟通协商，成功申请到一笔长期贷款。借助这笔资金，企业成功引进了先进生产线和设备，大幅提升了生产效率和产品质量。随着企业规模的扩大和市场竞争力的增强，该企业逐渐成为行业翘楚，实现了稳健发展。

上述案例中，债权融资发挥了至关重要的作用。企业通过向银行申请贷款，成功解决了资金短缺问题，实现了规模扩张和技术升级，从而显著提升了市场竞争力。同时，企业在财务管理和风险控制方面也表现出色，确保了贷款资金的合理使用和按时还款。

银行贷款作为债权融资的一种主要方式，为企业持续经营和发展提供了强有力的资金支持。除银行贷款外，债权融资还包括其他多种形式，如金融机构贷款、租赁、外资以及企业商业信用、创始人或高管的私人信用融资等。这些方式可归纳为如图 8-2 所示的 6 种。

（1）从银行及其他金融机构贷款

银行及其他金融机构贷款是债权融资的主要渠道。由于其充足的现金流，这

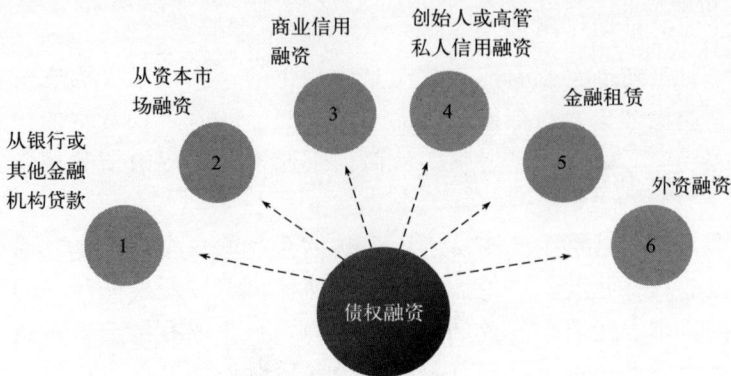

图 8-2　债权融资的 6 种方式

种融资方式相对容易且迅速。然而，获得大额贷款难度较大，因为金融机构对企业的盈利能力和偿债能力有严格要求。而大部分初创企业，满足这些要求可能性较小。

（2）从资本市场融资

当银行或金融机构的资金无法满足需求时，许多企业转向资本市场，通过发行债券吸引投资者以筹集资金。这种方式更适合长期资金需求。然而，我国债券市场规模相对较小，品种单一，有待进一步发展。

（3）商业信用融资

鉴于资本市场的局限性，一些企业利用商业信用从合作伙伴处筹集资金。例如，通过延期付款购入所需产品、预收货款或延期交付产品等方式，企业可获得短期资金来源。但此方法筹集的资金有限，仅适用于特定情况。

（4）创始人或高管私人信用融资

企业创始人或高管可利用个人信用进行融资，类似于民间私人借款。通常金额较小，且稳定性难以保证。

（5）金融租赁

金融租赁是债权融资的一种形式，涉及租赁公司购买资产（如设备或设施）并租赁给承租人。承租人支付租金以使用资产，并在租赁期结束时可选择购买。金融租赁适用于各种规模的企业，具有全额融资、节省资本性投入、降低现金流压力等优势。此外，它可作为长期贷款的替代品。

（6）外资融资

外资融资主要通过卖方信贷、买方信贷、补偿贸易、外国政府贷款和国际金融机构贷款等方式进行。卖方信贷是出口方银行向进口商提供的贷款，以促进国际贸易往来和合作。需要注意的是，这些融资本质上是债务，过多的债务对初创企业不利。

因此，企业应根据自身经营状况、资金状况、财务状况和市场环境等因素，合理配置上述六种方式，优化债务结构，降低风险。并随企业经营状况的变化和市场环境的变化，及时调整债务结构。

8.3　债权融资的 3 个渠道

债权融资主要有 3 个渠道，分别为项目融资、债券融资、民间借贷融资。初创企业在选择融资方式时，应根据自身的实际情况和项目需求，权衡各种融资渠道的优缺点，选择最适合自己的。接下来，将对其进行详细阐述。

8.3.1　项目融资：为项目引来资金活水

项目融资是债权融资的一种渠道，项目融资是指借款人或项目发起人通过向投资者出售项目自身财产、预期现金流量和未来收益，从而获得资金的行为。多适用于规模大、具有长期稳定预期收益的项目。

项目融资是一种围绕特定项目来筹集资金的行为，通过借款、发行债券或采用其他的债权进行融资的行为，金额较大，而且需要通过项目组或项目团队等专门机构来负责。

（1）项目融资的流程

上面提到的项目融资主要是针对规模庞大、结构复杂的项目，其特点为体量巨大且涉及众多事项。为确保融资成效，整个过程，包括融资前后的所有活动，都必须严格遵循既定流程执行。

项目融资的流程大体有 9 个，以向投资机构融资为例，示意图如图 8-3 所示。

第 1 步：项目接洽。此阶段的核心任务在于明确融资需求，与银行、投资机构等潜在合作伙伴进行初步接触，并就合作意向、贷款主体及担保主体等关键要素达成共识。

第 2 步：提交融资资料。在与投资方初步沟通后，需明确融资金额、融资支付利率及反担保措施等核心条款。随后，按照对方要求，提交包括《融资申请表》《融资资料清单》等在内的详尽资料。

第 3 步：项目审查。项目审查分为初审、复审和终审 3 个阶段。初审由投资方的客户经理负责，主要审查融资方的基本信息、实际经营情况及其实际控制人的背景，同时核实提交的资料和反担保措施。复审阶段，客户经理将对初审合格的项目进行进一步评估，并出具正式评审结论。最终，符合条件的项目将提交至审批部门进行终审。如有需要，审批部门会安排实地考察，以全面了解企业融资情况，并优化反担保措施和收费比例。

第 4 步：确立融资方案。基于客户经理和审批部门对企业信息的深入研究，

```
                    ┌─────────────┐
                    │  项目接洽   │
                    └──────┬──────┘
                           │              ┌─────────────────────────────┐
                    ┌──────┴──────┐       │ 1.填写《融资申请表》          │
            ┌──────▶│ 提交融资资料│───────┤ 2.按照机构《融资资料清单》提供 │
            │       └──────┬──────┘       │   资料                       │
   ┌────┐   │              │              │ 3.初步确定融资支付利息和反担保 │
   │不  │   │       ┌──────┴──────┐       │   措施                       │
   │符  │   │       │  项目审查   │       └─────────────────────────────┘
   │合  │   │       └──────┬──────┘       ┌─────────────────────────────┐
   │要  │   │              │              │ 持续提供补充资料，配合机构审批 │
   │求  │   │       ┌──────┴──────┐       │ 部门答疑                     │
   │的  │───┤       │ 确立融资方案│       └─────────────────────────────┘
   │项  │   │       └──────┬──────┘       ┌─────────────────────────────┐
   │目  │   │              │              │ 将前几次交流提供的资料打印盖章寄 │
   │应  │   │       ┌──────┴──────┐       │ 往银行，供其编写《融资调查报告》 │
   │终  │   │       │  项目评估   │       └─────────────────────────────┘
   │止  │───┘       └──────┬──────┘       ┌─────────────────────────────┐
   └────┘              │              │ 1.融资机构相关部门召开评审会    │
                       │              │ 2.提出评审意见，出具批复文件    │
   ┌──────────────┐ ┌──┴──────┐       │ 3.额度较大、情况特殊的还需向   │
   │1.项目评审通过后办│─│ 办理手续│       │   上级进一步申报             │
   │ 理相关手续，涉及异│ └──┬──────┘       └─────────────────────────────┘
   │ 地担保由客户经理到│    │
   │ 现场核保、签约   │ ┌──┴──────┐
   │2.签订贷款合同后支│ │ 履约还款│
   │ 付相关费用      │ └──┬──────┘
   │3.整理相关合同及附│    │              ┌─────────────────────────────┐
   │ 件存档         │ ┌──┴──────┐       │ 根据合同约定的事项进行贷后管理 │
   └──────────────┘ │ 贷后管理│───────┤                             │
                    └──┬──────┘       └─────────────────────────────┘
                       │              ┌─────────────────────────────┐
                    ┌──┴──────┐       │ 本息还款完毕，于有效工作日及时 │
                    │ 解除手续│───────┤ 到银行办理相关手续           │
                    └─────────┘       └─────────────────────────────┘
```

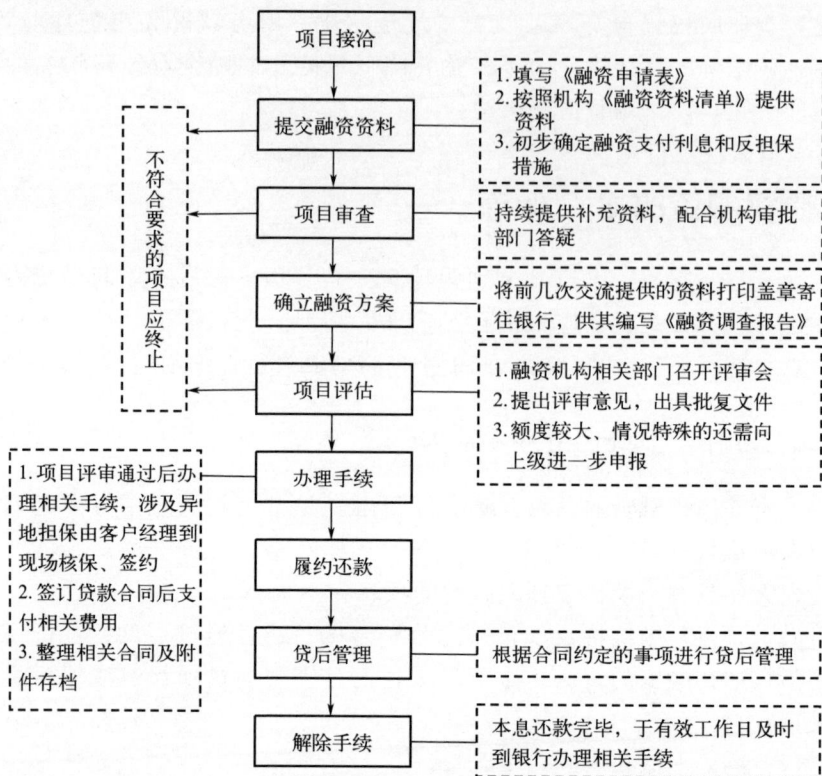

图8-3　项目融资流程

形成正式的融资方案。在此阶段，融资企业需配合贷款机构，提供必要材料，并对疑问进行解答。最终，融资方案需加盖企业公章，提交至合作机构的审批部门。

第5步：项目评估。贷款机构在收到融资方案后，会组织相关部门和人员开项目评审大会，对项目进行现场评估，并出具批复文件。评估过程通常需要一周时间，其间融资企业可完成融资账户的开立。

第6步：办理手续。项目评估通过后，开始办理相关手续。涉及异地担保的，客户经理需现场核保、签约。贷款合同签订后，办理委托支付并支付相关费用，随后进入放款审批流程。通常情况下，合同签署当天即可完成放款。

第7步：履约还款。根据合同约定的期限和频次，按时履行还款义务。

第8步：贷后管理。财务人员负责按照合同约定进行贷后管理，包括定期向贷款机构支付利息、提供财务报表和主要流水等。业务经理则负责督促并对接相关资料。

第9步：解除手续。当本息还款完毕后，需在有效工作日内及时到银行办理相关解除手续。

（2）项目融资的形式

项目融资的形式根据追索权程度的不同主要有两种，分别为无追索权项目融资和有限追索权项目融资。这两种方式的主要区别在于风险和收益的分配。

① 无追索权项目融资。这种形式所支付的贷款的本息完全依靠项目本身的经营效益，项目一旦失败，银行或贷款机构无法向项目借款人追索。

② 有限追索权项目融资。是指贷款人可以在借款人无法偿还贷款的情况下，向借款人的其他资产主张权利。这种方式贷款人和借款人共同承担项目的风险。如果项目失败了，贷款人可以向借款人的其他资产追讨未偿还的贷款。

在实践中，无追索权项目融资比较少见，因为这种方式下项目的风险主要由项目公司承担，如果项目失败了，项目公司很难承担全部损失。因此，大多数情况下，项目融资都是有追索权的，即贷款人可以在借款人无法偿还贷款的情况下，向借款人的其他资产主张权利。

（3）项目融资的优点和风险

项目融资的优点如表 8-1 所列。

表 8-1　项目融资的优点

优点	具体内容
长期融资	由于项目融资是为长期项目提供的，因此可以获得长期资金，帮助项目顺利完成
资金结构灵活	可以根据项目的具体需求和风险状况，设计出最合适的资金结构
风险分散	可以将风险分散给多个投资者和贷款人，降低单个投资者的风险

项目融资风险如表 8-2 所列。

表 8-2　项目融资的风险

劣势	具体内容
高违约风险	由于项目融资通常涉及大额资金和高风险项目，因此存在较高的违约风险
法律和合同复杂性	项目融资通常涉及大量的法律和合同文件，因此需要进行专业的法律和合同安排
竞争激烈	由于项目融资市场的竞争非常激烈，因此需要提供有竞争力的融资方案才能获得成功

综上所述，项目融资是一种非常实用的融资方式，尤其适合于需要大量资金的大型或长期项目。然而，它也需要仔细考虑各种风险和挑战，并采取适当的措施来管理和控制这些风险。

8.3.2　债券融资：借钱不求人，轻松搞定

债权融资与债券融资都是筹集资金的重要方式，都是通过借款或发行债券来筹集资金的方式，但两者是完全不同的概念。债券融资是债权融资其中一种表现形式，在诸多方面有显著的差异，比如，在融资主体、融资范围、融资成本、融

资期限以及融资风险等方面有显著差异。

总结起来，债权融资和债券融资存在着如表 8-3 所列的差异。

表 8-3　债权融资和债券融资的差异

融资方式	融资主体	融资范围	融资成本	融资期限	融资风险
债权融资	个人或机构	范围更为宽泛，是与股权融资相对应的一种融资方式	高	短	大
债券融资	企业、机构和政府	只是债权融资的一种，它是一种标准化可转让的债权融资方式	低	长	小

首先，从融资主体来看，债权融资的主体主要是个人或机构投资者，他们通过购买企业发行的债券、票据等债务工具成为企业的债权人，享有企业还本付息的权益。而债券融资则主要针对企业、金融机构和政府等机构主体。这表明，债权融资的范围更为宽泛，是一种与股权融资相对应的融资方式。

其次，从融资范围来看，债权融资是一种广义的概念，而债券融资则是债权融资的一种特定形式。债券融资是一种标准化、可转让的债权融资方式，债券的发行和交易都遵循一定的市场规则和监管要求。

再来看融资成本。一般而言，债权融资的成本相对较高，因为个人和机构投资者对风险的承受能力有限，需要更高的利率来补偿可能的风险。而债券融资由于发行对象主要是机构投资者，且债券的标准化和可转让性降低了风险，因此其融资成本相对较低。

融资期限方面，债权融资的期限通常较短，因为个人和机构投资者更注重资金的流动性。而债券融资的期限则相对较长，因为债券的持有者通常更看重稳定的收益和较低的风险。

最后，从融资风险来看，债权融资的风险相对较大。因为个人和机构投资者的资金安全性难以得到充分保障，一旦发生违约事件，投资者的损失可能较大。而债券融资则由于市场的监管和约束，以及债券的标准化和可转让性，使得风险相对较小。

综上所述，债权融资与债券融资在多个方面都存在显著的差异。企业在选择融资方式时，需要综合考虑自身的财务状况、发展计划以及市场环境等因素。例如，对于初创企业或者财务状况较差的企业来说，债权融资可能是一种更好的选择，因为它可以提供更灵活的融资方式和更快的资金到位速度。而对于规模较大、财务状况稳定的企业来说，债券融资可能更有优势，因为它可以提供更稳定的资金流和更低的融资成本。

此外，需要注意的是，无论债权融资还是债券融资，都需要遵守相关的法律法规和市场规则。融资企业在选择时，需要充分了解并遵守相关规定，以确保融资活动的合法性和合规性。

8.3.3　民间借贷融资：民间智慧，融资新选择

民间借贷由来已久，主要是指自然人与自然人之间、自然人与法人或其他组织之间，以及法人与其他组织之间，以货币或其他有价证券为标的进行资金融通的行为。我们这里重点介绍的是以有价证券为标的的融资行为，这里的有价证券即企业发行的债券。

以有价证券为标的的民间融资行为是一种常见的融资方式，其中融资企业将其持有的有价证券作为抵押或质押给贷款人，以获得贷款。当融资企业无法偿还贷款时，贷款人有权处理这些有价证券以收回本金和利息。

这种融资方式具有如图 8-4 所示的特点。

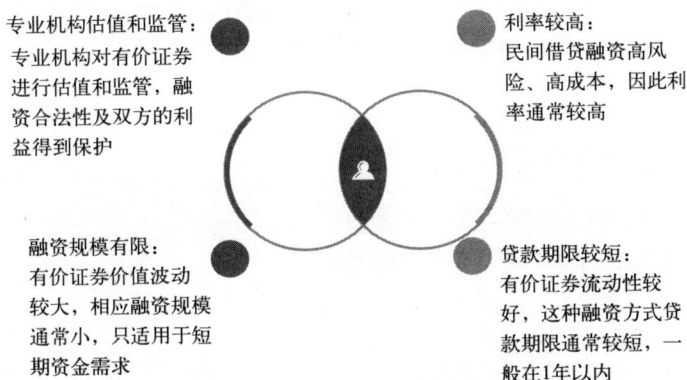

专业机构估值和监管：专业机构对有价证券进行估值和监管，融资合法性及双方的利益得到保护

利率较高：民间借贷融资高风险、高成本，因此利率通常较高

融资规模有限：有价证券价值波动较大，相应融资规模通常小，只适用于短期资金需求

贷款期限较短：有价证券流动性较好，这种融资方式贷款期限通常较短，一般在1年以内

图 8-4　以有价证券为标的的民间借贷融资的特点

从上图可以看出民间融资行为具有其独特的优势，如灵活性和便捷性，适用于有短期资金需求和对资金灵活性要求较高的初创企业。但也是一种风险较高、成本较高的融资方式，伴随着一系列的风险和挑战。比如，融资市场缺乏统一的监管和规范，借贷双方的权益保护常常难以得到有效保障。

8.4　债权融资，小心这些风险！

债权融资虽然企业运营中常用的一种融资方式，可通过向债权人借款来获得资金，以满足企业的短期或长期资金需求。但也伴随着很多风险，企业在融资过程中要小心谨慎。下面将具体阐述债权融资中的两大风险。

8.4.1　法律风险：借得轻松，还得明白

初创企业在进行债权融资时必须遵守相关法律法规的规定，确保所有程序合法合规。这包括但不限于融资协议的签署、担保物的登记、债权的转让等程序。

如果任何一个程序违反了法律规定，则可能导致债权融资的无效。因此，在债权融资过程中，需要对所有程序进行充分的合规性审查。

债权融资中的法律风险主要包括如图 8-5 所示的 5 个方面。

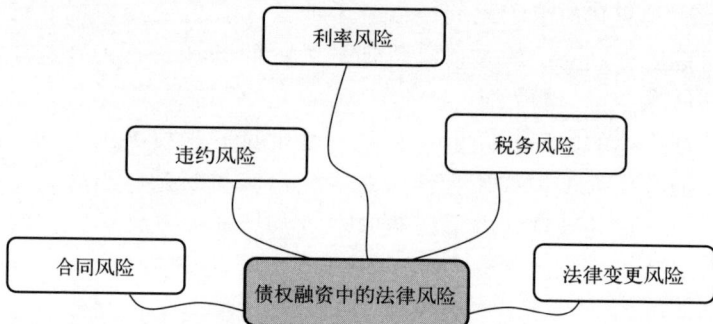

图 8-5　债权融资中的法律风险

（1）合同风险

债权融资过程中涉及很多合同，如债权募集说明书、受托管理协议等，这些合同中规定了各方的权利和义务。如果合同条款不明确或存在漏洞，就可能导致各方之间的纠纷，从而影响债权的发行和交易。

（2）违约风险

债权发行人可能因为各种原因无法按时支付利息或本金，这可能会导致投资者面临巨大的经济损失。债权受托管理人有义务代表投资者采取措施追讨债务，但受托管理人并不能保证能够追讨回所有的债务。

（3）利率风险

债权价格会受到利率变动的影响。如果利率上升，债权价格将下跌；如果利率下降，债权价格将上涨。因此，如果债权投资者在利率变动时无法及时调整自己的投资组合，就可能面临巨大的风险。

（4）税务风险

在债券融资过程中，税务风险是不可忽视的。由于各国税法的复杂性及持续变动性，企业在进行债券发行与交易时，可能遭遇多种税务问题。例如，利息支付的预扣税风险、税收政策变动风险等。企业在进行债券融资时，必须全面考量各种税务风险，并采取相应措施以进行预防与应对。

（5）法律变更风险

不同国家的法律体系和法律制度不同，且随时有可能会发生变化。在债权融资中，必须充分防范法律风险。这包括但不限于债务人违约的风险、担保物价值下跌的风险等。为了防范这些风险，需要融资企业对债务人、担保物进行充分调查、评估，同时在融资协议中明确规定违约责任和风险承担等条款。

总之，在债权融资中融资企业要遵守相关法律法规的规定，确保所有程序的合规性和合法性，同时还需要充分防范法律风险。只有这样，才能确保债权融资的成功和有效性。

8.4.2 道德风险：诚信为本，避免陷阱

债权融资本质上是企业的一种负债行为，虽然负债有利于企业获得大量外部资金，但过度负债也可能带来一些风险，即股东"道德风险"。

股东的"道德风险"主要表现在股东会通过多种手段，将债权人的财富转移到自己手中。因为股东享有公司利润的分配权，而债权人则享有固定利息回报。如果股东将公司资产转移到自己手中，他们可能会获得更多的利益，而债权人则会面临巨大的损失。

股东将债权人财富转移到自己手中的手段通常有如图 8-6 所示的 5 种。

图 8-6　股东将债权人的财富转移到自己手中的 5 种手段

（1）过度杠杆化

股东可能会鼓励企业采取高风险的财务策略，如过度杠杆化，以增加企业的资产和利润。这样，股东可以通过分配更多的利润来获得更多的回报。然而，这种策略可能会增加企业的财务风险，并导致债权人更大的损失。

（2）资产剥离

股东有时会将企业的优质资产剥离出来，目的是增加自己的财富。这种行为可能会导致企业的运营受到影响，并降低企业的偿债能力，从而使债权人面临更大的风险。

（3）内部交易

为了增加自己的财富股东还常常会利用自己的控制地位进行内部交易。而这

些交易同样会对企业的运营和偿债能力产生负面影响，从而使债权人面临更大的损失。

（4）红利政策

在投资政策无法改变的情况下，股东可以将负债筹集到的资金作为红利支付的来源，分配给股东。这样操作的结果是，原本应该属于债权人的财富被转移到了股东手中。

（5）资产替代

当企业的债务权益比例很高时，所有者容易选择高风险的投资项目。因为融资高风险投资项目一旦成功，能获得更多的投资收益。但如果高风险投资项目失败，由于股东的有限责任，债权人实际上就承担了损失的大部分。

因此，为了保护债权人的利益，融资企业要严格遵循国家制定的相关法律和监管规定，对股东的行为进行限制和监管，为金融风险的防范增加保障机制。同时，也要建立对股东的约束机制，使其行为不违背道德准则。

第**9**章

贷款融资：通过金融机构实现多元融资

贷款融资作为一种有效的资金筹措方式，犹如赋予初创企业一双金融之翼。通过与金融机构的紧密合作，可以获取多种形式的融资支持，进而在金融市场的广阔舞台上自由翱翔，实现持续稳健的发展。

9.1 贷款融资：舞动金融之翼，探索多元融资之路

贷款融资是非常重要的融资方式，借款方为初创企业，提供资金方为金融机构。贷款期限一般较长，还款利率可以根据融资企业与金融机构的协商而定。

9.1.1 贷款融资：概念大解析

贷款融资指的是初创企业为填补自身的资金需求，与银行或具有良好信誉的信贷机构签署贷款协议，借助特定的融资工具从这些机构获取资金，并约定在未来某一时间节点偿还本金和利息的行为。

在贷款融资的概念中，融资企业、融资工具和金融机构构成了三大基本要素。这三者之间相互依存、相互制约（图 9-1）。融资企业借助融资工具，如企业债券等，向金融机构募集资金，以实现其融资目标。

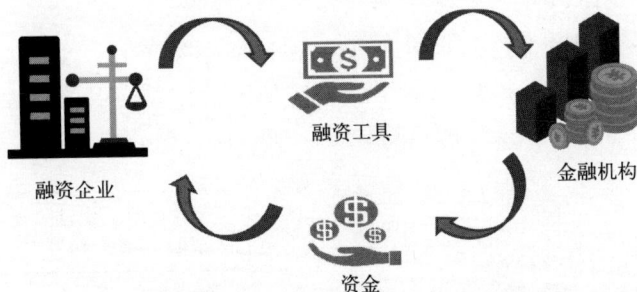

融资工具

融资企业

金融机构

资金

图 9-1 贷款融资行为三个基本要素及关系

在三大基本要素中，融资工具占据至关重要的地位。融资工具种类繁多，它不仅直接决定融资行为的性质，还与融资的最终效果密切相关。

（1）按流通性分

按流通性划分，融资工具可被分为完全流动性工具和有限流动性工具，如图9-2所示。其中，完全流动性工具包括纸币和活期储蓄，这些工具已在公众中获得了广泛的认可与接受。有限流动性工具，如商业票据、存款凭证、股票、债券等，则需要在特定条件下方可流通转让，并被他人接受。

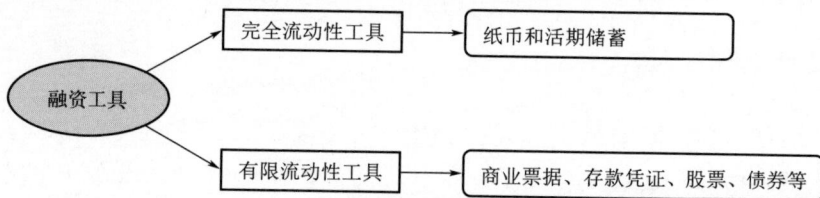

图 9-2　融资工具按照流通性的分类

（2）按发行主体分

按发行主体分可分成直接证券与间接证券两类，如图9-3所示。直接证券一般是指企业、政府部门或个人发行的股票、债券、国库券、国债、抵押契约、借款合同等凭证；间接证券是由融资中介机构所发行的纸币、储蓄、大额可转让存单等。

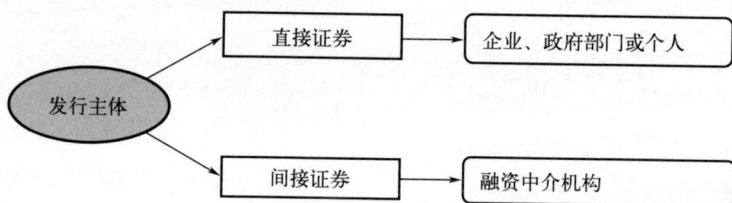

图 9-3　融资工具按照发行主体的分类

（3）按偿还期限分

按偿还期限分可以分为短期融资工具和长期融资工具，如图9-4所示。短期融资工具是指限期在一年以内的信用凭证，如商业票据、支票、信用卡等，长期融资工具是指限期在一年以上的信用凭证，如公债、股票、抵押契据等。

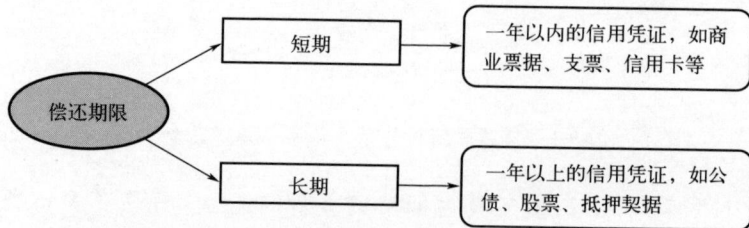

图 9-4　融资工具按照偿还期限的分类

9.1.2　贷款融资：特色与技巧一网打尽

在现代企业的融资版图中，贷款融资无疑是不可缺少的方式。那么，贷款融资究竟有哪些优势？企业又应该如何充分利用这些优势呢？

贷款融资的优势体现在如表 9-1 所列的几个方面。

表 9-1　贷款融资的优势

优势	具体内容
灵活性	贷款可以提供可预测的、长期的资金流，使融资企业可以根据自己的需求和计划来安排还款
快速获得资金	一旦贷款获得批准，融资企业通常可以很快获得资金，以满足紧急或突发性的需求
较低的初始成本	相较于一些其他的融资方式，如股权融资或发行债券，贷款的初始成本通常较低

首先，贷款融资具有高度的灵活性。与其他的融资方式相比，贷款可以提供可预测的、长期的资金流。这意味着企业可以根据自身的需求和计划来安排还款，从而更加灵活地管理其资金流。

其次，贷款融资可以迅速获得资金。一旦贷款获得批准，企业通常可以很快获得资金，以满足紧急或突发性的需求。这种快速的资金获取能力使得贷款融资在应对突发事件或把握商机时具有显著的优势。

此外，贷款融资的初始成本相对较低。相较于一些其他的融资方式，如股权融资或发行债券，贷款的初始成本通常较低。这意味着企业可以在不增加过多负担的情况下，获得所需的资金。

然而，要充分利用贷款融资的优势，企业还需要掌握一些技巧。

(1) 深入了解金融机构的贷款产品

不同的金融机构提供不同的贷款产品，具有不同的利率、期限和还款方式。因此，企业需要对这些产品进行全面了解，以便选择最适合自己需求的贷款产品。

(2) 企业应努力提高自身的信用评级

信用评级是金融机构评估企业信用状况的重要指标。企业可以通过保持良好的财务状况、按时还款等方式来提高自己的信用评级，从而获得更低的贷款利率和更低的融资成本。

(3) 提供充足的抵押物

如果企业拥有足够的抵押物，银行通常更愿意提供贷款。因此，企业应评估其资产状况，确定可以用作抵押的资产，以增加获得贷款的可能性。

（4）选择合适的贷款期限

贷款期限过长会增加企业的利息负担，而期限过短则可能使企业面临还款压力。因此，企业应根据自身的财务状况和资金需求，选择最合适的贷款期限。

（5）与贷款机构保持良好的沟通

与银行保持良好的沟通，及时反馈财务状况和经营情况，有助于银行更好地了解企业，从而更容易获得贷款。这也是与银行建立长期合作关系获得更多融资机会和优惠条件的基础。

贷款融资作为一种重要的融资方式，具有灵活性高、资金获取快和初始成本低等优势。企业在通过贷款融资时，应全面深入了解金融机构的贷款产品、提高信用评级、提供充足的抵押物、选择合适的贷款期限以及充分利用贷款机构的资源，为自身的发展最大限度地争取资金支持。

9.2　贷款申请：条件与原则，轻松搞定

9.2.1　企业贷款：看这里，符合条件就能飞

与其他融资方式相比，贷款融资具有显著的不同，它要求企业必须具备一定的资源和条件，比如，未来发展潜力、预期利润等。

因此，初创企业在寻求贷款融资时，必须满足一系列硬性条件。任何一项不符合，都无法获取银行或金融机构的资金。如图 9-5 所示是初创企业进行贷款融资时应具备的 6 个条件。

图 9-5　初创企业进行贷款融资应具备 6 个条件

（1）符合国家相关规定与产业政策

银行或金融机构会严格审查申请贷款的企业所属的行业，违反国家规定和产

业政策的，比如高污染、高能耗行业，是无法获得贷款审批的。

（2）合法的经营资质

初创企业在申请贷款时，必须具有合法的经营资质，包括营业执照、税务登记证等相关证件，以证明企业经营的合法性。银行或其他金融机构需要核实这些资质，以确保资金用途的合法合规。

（3）详细的贷款用途

初创企业需要提供详细的贷款用途，以证明贷款的用途合法、合理，并且能够产生足够的经济效益来还款。银行或其他金融机构会对贷款用途及计划进行评估和风险可控。

（4）充足的抵押品或担保

初创企业需要提供充足的抵押品或担保，以降低贷款风险。这也是与其他融资方式最主要的一个区别，比如，风险投资不要抵押、不要担保，它考核的是企业的未来市场，比如新兴的、有高成长性的企业和项目。

而贷款融资不同，目标是成长和成熟的企业，它考核的是实物指标，比如，抵押物、担保人等。抵押品可以是企业的固定资产、存货等，担保可以是企业高管或股东提供的个人担保或第三方担保，而且抵押物或担保的价值必须足够覆盖贷款金额。

（5）稳定的经营状况

初创企业需要具备稳定的经营状况，证明企业有良好的还款能力。银行或其他金融机构会对企业的经营状况进行评估，包括企业的营业收入、利润情况、市场前景等，以评估企业的还款能力和风险程度。

（6）良好的信用记录

初创企业需要具备良好的信用记录，以证明企业有良好的信用历史和还款记录。银行或其他金融机构会对企业的信用记录进行评估，包括企业的信用评级、信用分数、逾期记录等，以评估企业的还款能力和风险程度。

9.2.2 利用优惠扶持政策：挑选最佳贷款模式

关于初创企业的贷款，国家和地方政府、一些股份银行出台多项优惠扶持政策，特别是对小微企业和科技创新企业。在进行贷款融资时，如果能合理运用这些政策，将会大大降低融资成本，提高融资效率。

经归纳总结，在各项优惠政策孕育下，出现了如图 9-6 所示的贷款方式。

图 9-6 优惠政策孕育出的贷款方式

（1）综合授信

综合授信是银行或贷款机构针对经营状况好、信用可靠企业的诚信肯定，授予其在一定期限、一定信贷额度内可循环使用贷款资金。企业可以根据自身实际情况分期使用该笔资金，随用随借，随借随还，不必每次都办理烦琐的贷款审批手续，而且可以尽可能地减少利息支出，大大降低了企业融资成本，提升了资金使用率。

这种方式最大的特点是申请成本低，使用方便，企业一次性申报，银行一次性审批。不过，银行或金融机构在甄选这样的企业时，条件十分苛刻，一般需要具备如图 9-7 所示的条件。

图 9-7 获得综合授信的企业应具备的条件

（2）信用担保贷款

信用担保贷款是指融资企业通过向第三方（担保机构）申请信用担保，自身不需要提供抵押或质押，就可以取得银行或金融机构的贷款的一种方式。

这种方式最显著特点是，将第三方（担保机构）的信用当作贷款的抵押或质押，换句话说，第三方的信用成为银行或金融机构放贷的条件。第三方（担保机构）出具担保文件，证明融资企业具有贷款资质，有能力贷款并如期偿还本金及利息；反之，当贷款企业不能履约时，担保机构或企业必须承担偿还贷款本息的责任。

信用担保贷款的流程如图 9-8 所示。

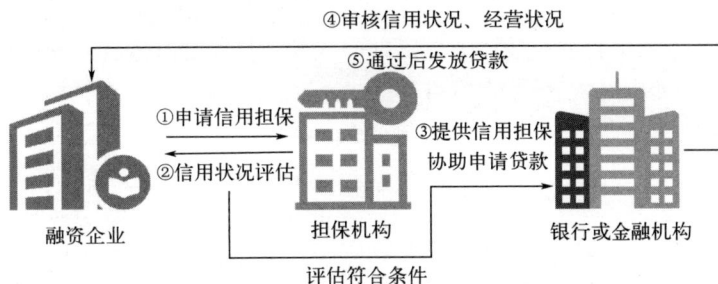

图 9-8　信用担保贷款的流程

融资企业向担保机构提出信用担保申请，担保公司对融资企业的信用状况进行评估，如果评估通过，担保机构会为融资企业提供信用担保，并协助向银行申请贷款。银行或金融机构在收到担保后，会对融资企业的信用状况、经营状况等进行审核，审核通过，银行或金融机构会发放贷款给企业。

在这里，需要重点强调一下第三方担保机构。很多地方都建有中小企业信用担保机构，这是一个非营利性的公共服务性机构，实行的是会员制，可以为初创企业提供融资担保。其担保资金来源主要有两个：

一部分是企业会员缴纳会员费。会员定期缴纳会员费，同时享受组织提供的担保，当会员向银行借款时机构予以担保。

还有一部分资金来源于当地政府的财政拨款、社会募集的资金、商业银行的资金等。

信用担保贷款的优势在于，融资企业不需要提供抵押或质押，降低了贷款的门槛和成本。同时，信用担保贷款也有助于增强融资企业的信用意识和风险意识，促进企业健康发展。

（3）联合担保贷款

联合担保贷款是股份制银行鉴于宽松的市场环境而推出的一项新贷款品种。这种方式是若干家融资企业自愿组合成一个联保体，共同申请办理贷款业务，通过缴纳一定的保证金，相互提供贷款保证担保，从而获得银行资金的做法。

比如，A、B、C、D 4 家互相熟悉的小企业联合向银行申请担保，只要每家缴纳一定保证金，就可以分别从银行贷到保证金 3 倍的贷款。这种贷款不需要其他抵押和担保，更多地依靠企业之间的互相监督和约束。

然而，需要注意的是，这种方式要求企业之间具有高度的信任和合作，因为任何一个企业的违约都可能对整个联保体造成重大影响。一旦有违约，联保体内的每家企业都需要对其他企业的贷款承担担保责任，从而增强了贷款申请的信用度和成功率。

（4）项目开发贷款

项目开发贷款是专门用于资助各类项目开发的贷款产品，尤其适用于高科技企业或拥有重大价值项目的企业，涵盖房地产开发、基础设施建设、科技研发等领域。

当企业面临具有重大价值的项目而资金不足时，可向贷款机构提交项目开发贷款申请对于与高等院校、科研机构建立稳定项目开发关系或拥有自主研发部门的高科技初创企业，除项目开发贷款外，还可能获得流动资金贷款的支持。

项目开发贷款的特点在于贷款金额大、期限长且利率相对较低，但申请难度较大，需具备良好信用记录、稳定还款来源及可行项目计划等条件。银行或其他金融机构在审批项目时，会综合考虑项目的可行性、市场前景等因素。

（5）票据贴现贷款

票据贴现贷款亦称为"票汇贴现"，是一种受到初创企业广泛欢迎的融资方式。其核心理念在于利用未来的资金来满足当前的需求，从而优化企业的现金流管理。具体而言，当企业面临资金需求时，可将持有的承兑汇票提交至其开户银行以申请贴现。银行将依据其信贷政策进行审慎评估，对符合条件的申请，银行将在扣除自贴现日起至汇票到期日的利息后，支付相应的资金。票据贴现贷款的期限始于贴现日，终于汇票到期日。贴现率由多家银行根据略低于国营工商企业流动资金贷款利率的标准设定。

这种融资方式有助于企业高效地管理其现金流，从而积极促进生产和经济的发展。然而，若贴现到期日票款未能如期划回，贴现银行将有权从贴现申请人账户中扣除相应款项，并按规定加收罚息。因此，企业在享受票据贴现贷款便利的同时，也需充分评估自身的还款能力，以避免因违约而承担额外的风险。此外，企业在申请票据贴现贷款时需提供必要的文件，并接受银行对票据真实性、贴现凭证填写准确性及贴现款项用途的审查。

（6）典当贷款

典当贷款是一种以实物作为抵押，通过转移实物所有权取得临时性贷款的融资方式。虽然典当贷款成本高、规模小，但其优势在于对贷款者的信用要求低、抵押品种类灵活等。与银行相比，典当行更注重典当物品的真实价值，且可接受动产与不动产质押。

典当贷款流程简单、快速便捷，融资企业只需将抵押物品带至典当行，经评估确定贷款额度后，签署相关合同即可获得贷款。然而，典当贷款利率通常较高且贷款期限较短，不适合长期资金需求。若企业无法按时还款，将面临抵押物品被收回并拍卖的风险。因此，企业在选择典当贷款时需充分了解贷款条件、利率及期限等信息，并谨慎评估自身还款能力和风险承受能力。

（7）知识产权质押贷款

知识产权质押贷款是指企业利用其合法拥有的专利权、商标权、著作权等知识产权经评估后向银行申请融资的一种方式。由于知识产权实施与变现的特殊性，目前仅有少数银行对部分初创企业提供此项融资服务，且通常需要企业法定代表人提供担保。尽管如此，对于拥有自主知识产权的优秀初创企业而言，知识产权质押贷款仍是一种值得尝试的融资途径。

（8）异地联合协作贷款

适用于与大型企业或集团型企业有紧密合作关系的中小型初创企业，如集团型企业的松散型子公司或为大企业提供配套零部件的企业，可通过异地联合协作贷款的方式获得融资。这种方式由一家主办银行牵头，为集团公司统一提供贷款，再由集团公司对协作企业提供必要的资金支持，当地银行将配合进行贷款管理和风险控制。

这种融资方式有助于企业利用与大型企业的合作关系的优势获得贷款支持，间接获得资金。

9.2.3　贷款融资的三大基本原则

初创企业在通过贷款方式筹集资金时，必须严格恪守三大基本原则，即安全性原则、流动性原则和效益性原则。

（1）安全性原则

安全性原则是贷款融资的首要原则，这个原则包括两层含义。一层含义是贷款机构的安全性，即贷款前要选择有良好信誉、丰富贷款经验的机构作为合作伙伴，以确保贷款资金的顺利到位。

企业选择贷款机构时，应考虑如图 9-9 所示的 6 个关键方面。

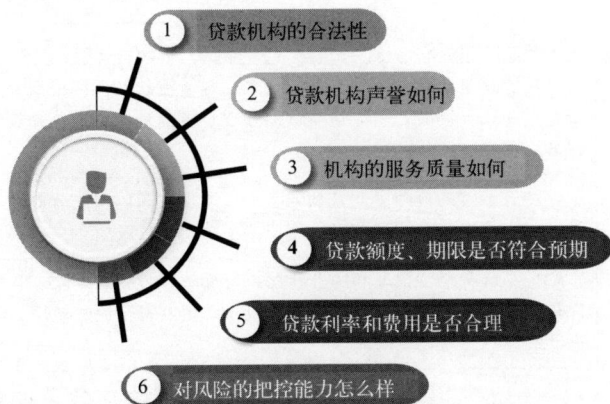

1. 贷款机构的合法性
2. 贷款机构声誉如何
3. 机构的服务质量如何
4. 贷款额度、期限是否符合预期
5. 贷款利率和费用是否合理
6. 对风险的把控能力怎么样

图 9-9　初创企业选择贷款机构时考虑的 6 个关键方面

另一层含义是对自身经营状况、财务状况以及信用等级的全面审视，以确保有稳定的收入来源，从而保证贷款发放后能够按时按量偿还。以银行为例，其在对贷款企业进行审核时，会对企业的经营、财务和信用状况进行严格评估。

首先，在经营上的评估，银行会全面考察企业的基本情况，如企业类型、规模、经营状况以及市场竞争能力等。同时，银行还会深入分析企业的战略规划、发展前景和盈利能力，以全面评估其运营状况。

其次，财务评估是银行评估企业还款能力的关键。银行会详细分析企业的财务报表，如资产负债表、利润表和现金流量表等，从而全面了解企业的资产、负债、盈利和现金流状况。

此外，信用评估也是银行审核的重要环节。通过信用评估，银行可以了解企业的信用状况，包括征信报告、历史还款记录等相关信息。信用评估的结果将直接影响银行是否给予贷款以及贷款的额度和利率。

最后，银行会综合考虑企业的经营、财务和信用状况，进行整体评估，以决定是否发放贷款以及贷款的具体条件。这一系列的评估，确保了银行贷款的安全性，使银行能够更准确地了解企业状况，从而做出更明智的贷款决策。

（2）流动性

流动性也是贷款融资过程中必须坚持的原则，关乎贷款资金使用情况，它要求贷款资金要得到有效利用，既要能满足企业日常经营和应对突发事件的需求，又要避免给企业带来过大的现金流压力。为确保贷款资金的流动性，企业需制定合理的贷款用途和还款计划，并充分考虑自身经营状况等因素。这样的策略对于降低企业的财务风险至关重要。

要实现贷款资金的流动性，初创企业要做好如表 9-2 所列的 5 个方面的具体工作。

表 9-2　初创企业实现贷款资金流动性的 5 个方面的具体工作

工作	具体内容
合理规划和管理企业现金流	要制定科学的财务计划，预测未来的现金流状况，并根据预测结果合理安排贷款资金的使用。同时，企业还应该加强现金流的日常管理，确保实际现金流与计划相符合
保持足够的流动资产	保持有足够的流动资产，如现金、短期投资和应收账款等，以确保在需要时能够迅速变现。这些流动资产可以用于偿还短期贷款或应对突发事件
优化贷款结构	要根据自身经营情况和财务状况，合理选择贷款的期限、利率和还款方式。通过优化贷款结构，企业可以降低贷款成本，提高资金使用效率，同时确保贷款资金的流动性
建立风险预警机制	要建立完善的风险预警机制，对企业的经营状况和财务状况进行实时监控和评估。一旦发现潜在的风险点，应及时采取措施加以应对，以防止风险扩大
与金融机构保持畅通的沟通与合作	建立合理的沟通机制，与金融机构建立良好的合作，及时了解贷款政策和市场动态，以便在需要时及时获得资金支持

总之，贷款资金的流动性原则要求企业在确保经营稳定的前提下，优化贷款结构，合理规划和管理现金流，保持足够的流动资产，建立风险预警机制并与金融机构保持良好的沟通与合作关系。通过这些措施，企业可以降低财务风险，确保贷款资金的流动性，从而为企业的可持续发展提供保障。

（3）效益性

效益性原则即以"实现融资资金效益最大化"为原则，这就要求企业在申请贷款前，就要充分考虑贷款所带来的经济效益，对贷款成本、投资回报率以及风险与收益进行权衡。换句话说，就是企业要确保贷款的收益能够覆盖贷款成本，并为企业的长期发展带来积极的影响。

要保证贷款利益的最大化，初创企业可以从如表 9-3 所列的 6 个方面入手。

表 9-3　初创企业保证贷款利益的最大化的 6 个方面

工作	具体内容
了解贷款条件和利率	在申请贷款前，企业需要对不同的贷款机构进行比较，了解各种贷款产品的条件和利率，选择最适合自己的产品。同时，企业还需要了解国家的贷款政策，以更好地把握市场方向和政策走向
完善财务管理	企业要建立健全的财务管理制度，保持财务状况的良好和稳定。这样可以提高企业的信用评级，从而更容易获得贷款，并有可能获得更优惠的利率
合理规划贷款用途	企业应该根据自身的经营情况和资金需求，合理规划贷款的用途，确保贷款资金能够有效地支持企业的发展。同时，企业还需要注意避免将贷款资金用于非法用途
谨慎选择抵押物	在申请贷款时，企业可能需要提供抵押物。因此，企业需要谨慎选择抵押物，确保其价值稳定且易于变现。这不仅可以提高企业的贷款成功率，还可以在必要时为企业的还款提供保障
建立良好的企贷关系	与贷款机构良好的合作关系，可以为企业带来更多的融资机会和优惠政策。企业可以通过与银行沟通，了解不同的贷款产品和政策，从而更好地选择适合自己的产品
加强风险管理	对自身的经营风险和财务状况进行定期评估和管理，以便在风险出现时及时采取措施，避免或减少损失。同时，企业还需了解和掌握与贷款相关的法律法规，以保护自己的合法权益

可见，保证企业贷款利益的最大化可从多个方面入手，包括建立良好的财务管理制度、选择适合的贷款产品、合理规划贷款用途、谨慎选择抵押物、按时还款、与银行建立良好的合作关系以及加强风险管理等都是非常重要的。

企业在向金融机构申请贷款时要充分考虑资金的安全性、流动性和效益性原则。遵循这些原则，短期来讲有助于企业能够与银行和金融机构建立良好的合作关系，确保贷款资金的安全及合理利用；长期来讲，可为企业带来充足的经济收益，推动企业稳健、长远的发展。

9.3 五种还款方式，适用不同需求

使用贷款融资还有一个重要方面不可忽视，那就是还款，选择适合的还款方式至关重要。不同的还款方式有各自的特点，适用于不同的场景。以下是5种常用的还款方式。

（1）先息后本

这种还款方式要求融资企业每月只支付利息，而本金则在最后一期一次性归还。这种方式特别适用于那些资金利用率较高，但前期现金流不稳定的企业。这种方式的优点在于，前期的还款压力相对较小，资金可以得到更高效利用。然而，缺点也显而易见，那就是最后一期需要一次性归还大量的本金和利息，这可能会给企业的现金流造成较大的压力。

（2）等额本息

等额本息是指融资企业每月偿还固定数额的本金和利息。这种还款方式适用于有稳定现金流的企业，主要用于补充流动资金，适合长期借款。每月偿还同等数额的贷款，使得还款计划更加稳定。然而，这种方式的缺点在于，前期支付的利息较多，而本金相对较少，因此，对于希望提前还款的企业来说，可能不太划算。

（3）等额本金

等额本金是指将贷款本金平均分摊到每一期，每期偿还固定的本金和剩余本金的利息。这种方式特别适用于有持续性收入，且前期现金收入较大后期逐渐递减的企业。由于每期都在偿还本金，因此，这种方式对于希望提前还款以节省利息的企业来说，是一个不错的选择。但是，由于前期归本较多，因此，前期的还款压力会相对较大。

（4）随借随还

随借随还是指融资企业可以在贷款额度范围内随时借款、随时还款，而且还款无需支付违约金。这种方式特别适用于短期内需要资金周转的企业。企业可以根据自身的资金需求情况，灵活地进行借款和还款，不会受到固定的还款计划的限制。然而，这种方式的缺点在于，对于借款人的资质要求相对较高，且利息可能会稍高于固定期的贷款。

（5）后息后本

后息后本是指融资企业在贷款期间无需支付利息和本金，只在贷款到期日一次性归还本金和利息。这种方式适用于前期资金投入较大，但短期现金流收入不稳定的企业。由于贷款期间无需支付利息和本金，因此，这种方式的资金利用率

最高。但是，这也意味着到期日需要一次性归还大量的本金和利息，还款资金压力会相对较大。

　　上述 5 种还款方式各有利弊，企业应根据自身的实际情况和需求进行选择。例如，对于资金利用率高但现金流不稳定的企业，先息后本可能是一个不错的选择；对于有稳定现金流，希望长期借款的企业来说，等额本息可能更为合适。无论选择哪种方式都需要仔细考虑，以确保企业的财务稳定和健康发展。

第 **10** 章

后续管理：融资成功后的
管理注意事项

在企业的整个融资周期中，成功融到所需资金只是一个开始，真正的挑战在于融资的后续管理，不仅关乎着资金的利用率，还关乎着企业的更长远发展。因此，融资成功的后续管理决定着融资的最终成败。

10.1 立即行动：把握融资后的黄金时期

初创企业在成功融资后，应当迅速将这笔资金转化为实际的项目行动，以回应投资者的期待，以展现企业的执行力和市场敏锐度。

案例1

一家在智能家居技术研发与生产领域深耕的公司，因其多款市场领先的智能家居产品而吸引了风险投资机构的目光。经过精心策划与多轮磋商，成功引入了5000万美元的融资。这笔资金为公司带来了宝贵的发展机遇，公司迅速制定了周密的资金运用计划，主要围绕产品研发创新、市场推广拓展以及生产线升级扩建展开。

该公司充分利用融资资金，加大了对新产品及前沿技术的研发投入。公司成功推出了智能音箱、智能门锁等一系列市场竞争力强的智能家居新品，进一步巩固了市场地位。

与此同时，该公司积极加大国内外市场的推广力度，结合线上与线下多种营销手段，有效提升了品牌知名度与市场占有率。

该公司利用这笔资金还扩建了生产线，提升了生产效率，并与供应商建立了长期稳定的合作关系，确保了原材料的稳定供应及成本控制。

融资后的两年间，公司营业收入与净利润均实现了翻番式增长。新产品的市场反响热烈，销售额稳步攀升。同时，海外市场拓展也取得了显著成效，进一步丰富了收入来源。

上述案例为其他企业在融资后如何高效利用资金、把握发展机遇提供了宝贵的经验借鉴。

所以，企业在获得资金后要尽快付诸行动，让其发挥价值，产生效益。与此同时，为了确保项目的顺利进行，也要做好充分的准备工作。

那么，在融资后，初创企业应该如何将资金高效投入项目中呢？如图 10-1 所示的 3 个方面需要重点考虑。

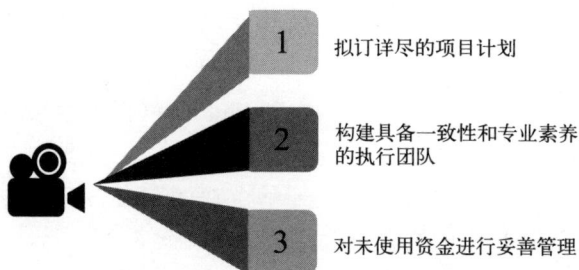

1 拟订详尽的项目计划

2 构建具备一致性和专业素养的执行团队

3 对未使用资金进行妥善管理

图 10-1　初创企业在投入高效利用融资资金需考虑的三个关键

（1）拟订详尽的项目计划

拟订详尽的项目计划至关重要。该计划应明确项目目标，并细化至具体的时间表、预算分配以及人员配置等方面。一个全面且细致的计划不仅有助于企业高效利用资金，还能为未来的项目管理和决策提供坚实的支持。

（2）构建具备一致性和专业素养的执行团队

执行团队是确保资金高效运用的核心。因此，企业必须选拔具备专业能力、技能丰富及经验的人才，并为他们提供充分的培训，以应对资金分配和使用过程中可能遇到的挑战，确保执行的灵活性。

保持执行的灵活性同样至关重要。尽管计划中已明确预算，但在实际执行过程中，难免会遇到意外情况。此时，执行团队需灵活应对，根据实际情况及时调整计划和预算。这种灵活性不仅能够降低突发问题带来的风险，还能体现企业的应变能力和市场敏感度。

（3）对未使用资金进行妥善管理

妥善管理未使用资金对于确保资金高效使用同样关键。企业应建立严格的财务管理制度，确保资金按计划支出，防止浪费和滥用。同时，企业还需与投资者保持沟通，定期公布财务报告，接受监督。透明、规范的资金管理方式不仅能提升资金使用效率，还能为企业树立良好的信誉和形象。

综上所述，融资成功后，企业必须高效利用资金，确保每一笔资金都得到合理运用。在未来的市场竞争中，能够充分利用资金的企业，更有可能脱颖而出，成为行业的领导者。

10.2　稳健成长：审慎扩展，规避潜在风险

初创企业进行多轮融资，无疑会为自身的发展注入强大的动力，提供稳定的资金支持。这些资金不仅是企业稳定运营的保障，更是推动业务增长、逐步扩大市场份额的重要动力。然而，在追求快速发展的过程中，我们必须警惕资金盲目扩张可能带来的潜在风险。

首先，盲目扩张往往会导致资本消耗过快，严重损害企业的财务健康。想象一下，企业为了迅速占领市场，不惜投入巨额资金，但这种投资未必能立即产生回报，甚至可能引发短期的财务亏损。如果企业的财务基础不够稳固，这种过度的资本消耗可能会让其陷入困境，最终可能因资金链断裂而陷入危机。

其次，盲目扩张还可能扰乱市场秩序。例如，一些企业可能通过大幅降价或各种促销活动来吸引客户，这看似能在短期内带来销量的提升，但也可能引发其他竞争对手的效仿，从而引发价格战或营销战。这种恶性竞争不仅可能削弱企业的盈利能力，还可能对整个行业造成负面影响，阻碍行业的健康发展。

最后，不能忽视的是，盲目扩张可能使企业丧失创新能力。当企业将大量资金用于扩张和市场份额争夺时，可能会忽视产品和服务质量的提升，以及新产品的研发和创新。在竞争激烈的市场环境中，创新能力是企业保持竞争力的关键。如果一个企业失去了创新，那么它很可能失去客户的信任和支持，进而影响其市场地位。

因此，对于初创企业来说，融资并不是为了盲目消耗资本，而是要在保持财务稳健的基础上，通过合理的投资和技术创新来提升产品和服务质量，增强竞争力。同时，企业应尊重市场秩序，避免不正当竞争行为，以促进整个行业的繁荣与进步。稳健发展，珍惜每一份资本，这不仅是企业发展的规律，更是对未来负责的态度。

10.3　定期报告：透明公开，让投资者更放心

对于一家初创企业而言，定期向投资者汇报公司的运营状况、财务状况及市场表现都至关重要。这种透明公开的做法不仅有助于建立企业与投资者之间的信任关系，还能够让投资者更加放心地持有公司股票或进行投资活动。

（1）定期公开财务情况，全面展示企业健康状态

定期公开财务报告作为关键的信息披露工具，能够深入揭示企业的健康状况。这些报告不仅有助于企业内部的管理决策，也为外部投资者和利益相关者提供了

评估企业运营状况及未来发展潜力的关键信息。

财务报告主要包括利润表、资产负债表和现金流量表，这些报表共同构成了企业财务状况的全面画像。

利润表反映了企业在一定时期内的收入、成本和利润情况，是衡量企业盈利能力的重要指标。资产负债表则展示了企业的资产、负债和所有者权益状况，揭示了企业的资产结构和财务状况。现金流量表则体现了企业的现金流入和流出情况，反映了企业现金流的稳定性和充裕性。

通过这些财务报告，投资者可以深入了解企业的运营状况、盈利能力和未来发展前景，从而做出更加明智的投资决策。同时，企业也可以通过定期财务报告展示自身的实力和潜力，增强投资者的信心。

（2）及时公开重大事件，确保投资者第一时间获取关键信息

对于投资者而言，掌握企业的重大事件和动态至关重要。因此，企业需要建立一个及时、准确、全面的信息公开机制，确保投资者能够第一时间获取关键信息。这包括但不限于合并、收购或重大投资，财务报告和业绩公告，高层管理人员变动，法律诉讼和重大合规事件，产品或服务创新，等等。

一般来讲，如表 10-1 所列的 5 种事件适合向投资者公开。

表 10-1　适合向投资者公开的 5 种事件

事件	具体内容
合并、收购或重大投资	这些事件可能对企业的规模和业务范围产生重大影响，因此应该及时向投资者公开
财务报告和业绩公告	包括季度报告、年度报告等，这些报告通常包含企业的财务状况、经营成果和未来发展计划等重要信息，是投资者了解企业运营情况的主要途径
高层管理人员变动	如首席执行官（CEO）、首席财务官（CFO）等重要职位的任命或离职，这些事件可能对企业的战略方向和经营管理产生重大影响，因此应该及时向投资者公开
法律诉讼和重大合规事件	这些事件可能对企业的声誉、财务状况和未来发展产生重大影响，因此应该及时向投资者公开
产品或服务创新	如推出新产品或服务、获得重要技术突破等，这些事件可能对企业的市场竞争力和未来发展前景产生重大影响，因此应该及时向投资者公开

另外，在公开重大事件时，企业应遵循相关的法律法规和监管要求，确保信息的真实性、准确性、完整性和及时性。

此外，为确保定期报告的真实性和准确性，企业需要建立完善的内部管理机制。这包括从数据采集、整理、分析到报告的撰写、审核和发布等各个环节都应有严格的标准和流程。同时，企业还应关注报告的可读性和易理解性，确保投资者能够轻松理解报告内容并做出正确决策。

10.4　投资者关系管理：用心沟通，共创双赢

企业在获得投资者的融资后，并不意味着与投资者的关系就此结束。实际上，投资者关系管理是一个持续不断的过程，需要企业用心沟通，与投资者建立长期、稳定、互信的合作关系，共同创造双赢的局面。

案例 2

初创科技公司"智云科技"正处于其发展的初期阶段，急需资金来推进其产品的研发和市场推广。为了获得资金支持，智云科技开始寻找合适的投资者。

经过行业内的推荐和介绍，智云科技与知名风险投资公司"蓝海资本"进行了初步接触。在会面中，智云科技详细阐述了公司的背景、技术优势和市场潜力，并展示了商业计划和财务预测。蓝海资本对智云科技的项目表现出浓厚兴趣，并决定进行深入探讨。

随后，智云科技与蓝海资本建立了定期沟通机制。智云科技定期向蓝海资本提交详细的业务进展报告，包括产品研发进度、市场反馈、销售数据和财务状况。此外，智云科技的创始人和核心团队还与蓝海资本的投资经理进行定期电话会议或面对面沟通，就公司战略调整、市场变化和潜在风险进行深入讨论。

在产品研发过程中，智云科技面临技术挑战，导致产品上市时间推迟。得知此情况后，蓝海资本与智云科技紧密合作，共同分析问题原因并提出解决方案。同时，蓝海资本利用其行业资源为智云科技引荐潜在合作伙伴和技术支持。

经过一段时间的紧密合作，智云科技与蓝海资本的关系由单纯的投资者与被投资者关系转变为战略合作伙伴关系。智云科技不仅获得了蓝海资本的资金支持，还获得了宝贵的市场建议和行业资源。而蓝海资本也从智云科技的成功中获得了丰厚的回报。

智云科技与蓝海资本之间的沟通案例展示了融资方与投资者之间建立良好沟通的重要性。通过定期汇报、深入讨论和共同应对挑战，双方不仅保持了对项目的持续关注和支持，还共同推动了企业的成长和发展。这种沟通机制增强了双方的信任和理解，为初创企业的长远发展奠定了坚实基础。

可见，企业在获得投资者的融资后，与投资者保持良好的关系至关重要。具体做法可参照图 10-2。

首先，企业要明确投资者关系管理的目标。这不仅仅是维护投资者对企业的信任和支持，更是要通过有效的沟通，使投资者了解企业的战略方向、经营成果

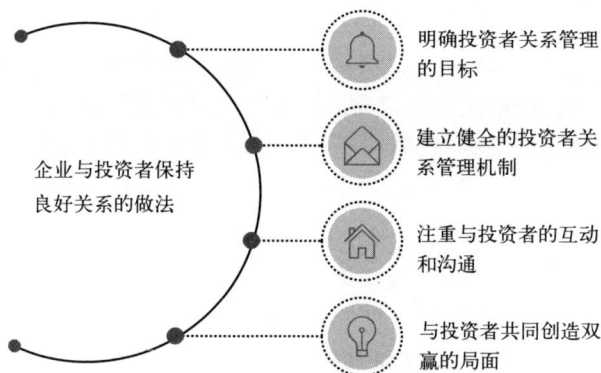

图 10-2　企业与投资者保持良好关系的做法

和发展前景，从而增强投资者的信心。同时，企业也要倾听投资者的声音，了解他们的需求和期望，以便更好地满足他们的利益诉求。

其次，企业要建立健全的投资者关系管理机制。这包括设立专门的投资者关系管理部门，负责制定和执行投资者关系管理策略；建立定期的信息披露制度，及时向投资者传递企业的经营信息和财务状况；组织定期的投资者见面会、电话会议等活动，与投资者进行面对面的沟通和交流。

此外，企业要注重与投资者的互动和沟通。这不仅仅是通过定期报告、新闻发布会等形式向投资者传递信息，更要通过互动问答、在线调研等方式，让投资者参与到企业的决策和管理中来。这样不仅可以增强投资者的参与感和归属感，还可以为企业带来更多的智慧和建议。

最后，企业要与投资者共同创造双赢的局面。这意味着企业要在实现自身发展的同时，也要关注投资者的利益诉求。例如，企业可以通过合理的利润分配、稳健的投资策略等方式，保障投资者的收益和权益；同时，企业也可以通过引入战略投资者、拓展融资渠道等方式，为自身的发展注入更多的动力和资源。

10.5　风险管理：防患于未然，确保企业稳健前行

初创企业的融资之路注定是不平坦的，好不容易获得融资，随之而来的是更为复杂多变的风险挑战。这些风险不仅来源于市场环境，还涉及企业的内部管理和运营。因此，企业管理者必须深刻认识到风险管理的重要性，并采取有效措施来防范和应对各种潜在风险。

市场风险是企业不可忽视的风险之一。随着市场环境的不断变化和竞争的加剧，企业需要及时调整战略，优化产品和服务，以适应市场的需求和变化。为了有效应对市场风险，企业需要建立完善的市场调研机制，密切关注市场动态和竞争态势，以便及时调整市场策略，确保市场份额的稳定和扩张。

除了市场风险外，财务风险也是企业风险管理的重点。融资后，企业的财务结构会发生变化，如果管理不当，很容易引发财务风险。因此，企业需要加强财务管理，建立健全财务风险预警机制，及时发现和解决潜在的财务风险。同时，企业还应加强成本控制，提高盈利能力，确保企业的稳健发展。

随着科技的快速发展，技术风险也日益凸显。技术创新是企业发展的重要动力，但同时也伴随着诸多风险，如技术更新换代快、研发周期长、投入大等。为了降低技术风险，企业需要加大技术研发的投入，建立技术创新机制，提高自主创新能力。此外，还应加强与科研机构、高校等合作伙伴的沟通与协作，共同推动技术创新，提高产品的技术含量和竞争力。

除了市场风险、财务风险和技术风险外，企业还需要关注法律风险、人力资源风险、供应链风险等。这些风险同样可能对企业的稳健发展产生重大影响。因此，企业应加强内部风险管理，建立健全风险管理体系，提高风险防范能力。同时，企业还应加强与合作伙伴的沟通和协作，共同应对风险挑战，确保企业的稳健前行。

总之，风险管理是企业稳健发展的重要保障。在激烈的市场竞争中，企业需要时刻保持警惕，加强风险管理，防患于未然。通过建立完善的风险管理体系、加强内部管理和运营、加强与合作伙伴的沟通和协作等措施，企业可以有效降低各种潜在风险，确保稳健前行。只有这样，企业才能在激烈的市场竞争中立于不败之地，实现可持续发展。同时，企业还应注重培养风险管理意识，提高全员风险管理水平，确保风险管理工作的有效实施。通过不断提升风险管理能力，企业可以更好地应对各种风险挑战，实现更加稳健和可持续的发展。

10.6　资金分配：稳健为主，灵活应变

对于初创企业而言，成功筹集资金后，如何合理有效地分配这些资金，对其长期发展和提升市场竞争力具有至关重要的作用。若资金分配策略不当，可能导致筹集到的资金无法得到充分利用，造成资源浪费，这对企业将是重大损失。

◆─────────────────────────────◆
案例3
┈┈┈┈┈┈┈┈┈┈┈┈┈┈┈┈┈┈┈┈┈┈┈┈┈┈┈┈┈┈

某科技公司近期获得了一笔风险投资，原计划将资金用于产品研发、市场推广和团队建设等多个方面，以期实现企业的快速发展。然而，实际操作中，资金分配的问题逐渐浮现，使公司的运营陷入了困境。

在产品研发方面，公司投入了大量资金，但由于技术难度高和市场需求的不确定性，研发进度缓慢，资金消耗巨大，且难以看到明显的回报。同时，市场推广的最佳时机因资金问题而错过，使公司陷入被动。

团队建设方面，公司原计划吸引优秀人才，但因资金紧张，难以提供具有竞争力的薪资待遇，导致人才流失严重，团队士气低落，影响了公司的整体运营。

由于资金分配不当，公司难以应对市场变化，当市场需求发生变化时，因缺乏足够的资金支持，无法及时调整产品和服务，导致市场份额逐渐下滑。

初创企业在融资资金的分配上，应基于企业的实际情况与市场动态进行灵活调整，同时强化风险管理与内部控制，避免资金分配失误带来的潜在风险。

在具体分配策略上，应遵循如图 10-3 所示的 8 个原则。

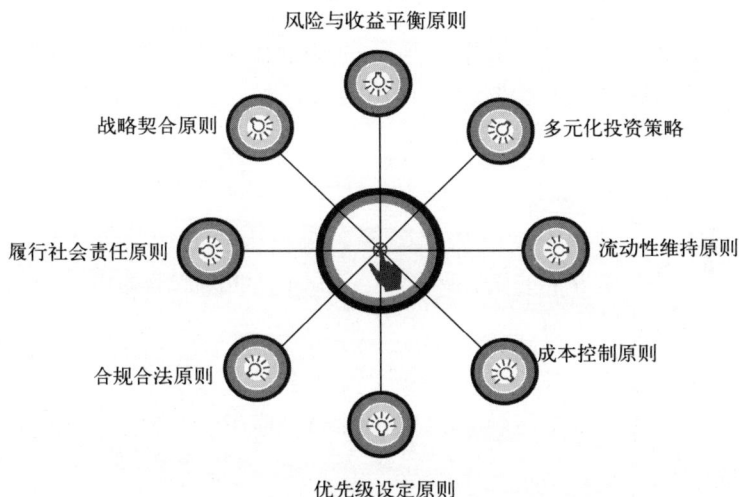

图 10-3　初创企业融资资金分配的 8 个原则

（1）战略契合原则

资金分配应遵循的第一个原则是与企业战略目标紧密契合。资金应优先流向与企业核心竞争力及长期规划紧密相关的项目，以巩固市场地位并增强竞争优势。

（2）风险与收益平衡原则

企业在资金分配时需审慎权衡风险与收益。既避免过于冒进的投资以降低风险，也不可过于保守而错失具有潜力的投资机会。通过精准的风险评估与收益预测，实现风险与收益的最佳平衡，保障资金的稳健增值。

（3）多元化投资策略

为降低单一投资的风险，企业应实施多元化投资策略，将资金分散投资于不同领域、行业或地区。这有助于减轻特定因素对企业整体运营的冲击，并为企业发掘新的增长点。

（4）流动性维持原则

保持充足的现金及流动性强的资产，对于企业的稳健运营至关重要。这些资产可为企业应对突发事件、把握市场机遇提供有力支持。因此，在资金分配时，企业应确保一定比例的资金用于维持流动性。

（5）成本控制原则

降低成本是提高资金使用效率的关键。企业应通过选择低利率融资渠道、优化资本结构、减少不必要的财务费用等方式降低成本。同时，企业需关注资金使用的效率，确保每一分钱都发挥最大效用。

（6）优先级设定原则

在资金分配过程中，企业应根据项目的紧急程度、重要性及预期收益等因素设定优先级。优先满足重要且紧急项目的资金需求，以确保企业核心业务的稳定运行，助力企业实现快速发展。

（7）合规合法原则

企业在资金分配过程中，必须严格遵守相关法律法规及企业内部规章制度。这不仅可避免违规操作带来的法律风险，更有助于维护企业的声誉与形象。

（8）履行社会责任原则

在追求经济效益的同时，企业亦需关注社会与环境的影响。资金分配应有助于企业履行社会责任，推动可持续发展。例如，通过投资环保项目、支持社会公益事业等方式回馈社会。

通过遵循上述原则，企业可确保资金分配既稳健又灵活，为企业的持续健康发展提供有力保障。

10.7　项目失败后融到的资金怎么处理？

项目失败后的资金处置办法，应严格遵循《中华人民共和国公司法》的规定。首先是确保清算费用、员工薪酬、社会保险费用以及法定补偿金的支付。随后，应处理所欠税款和企业债务的清偿。当这些支付完成后，若仍有剩余财产，有限责任企业应按照股东的出资比例进行分配，而股份有限企业则应根据股东持有的股份比例进行分配。

在项目失败并进入清算阶段时，投资者通常享有优先清算权。这意味着在清算组清理企业财产、编制资产负债表和财产清单后，投资者有权在其他债权人之前获得部分或全部的投资回报。如果项目失败导致企业无法偿还所有债务，包括投资者的资金，投资者可能会面临资金损失的风险。在这种情况下，清算组将按照法定程序处置剩余财产，并按照股东的出资比例或股份比例进行分配。

　　总之，在处理项目失败后的融资资金时，要遵循相关法律法规和合同约定，确保各方利益得到公平、公正处理。同时，投资者在投资前应进行充分的风险评估和采取适当的风险控制措施，以降低投资风险。

第**11**章

不同行业、不同企业融资策略实例分析

初创企业融资，终极目的在于满足其生存与扩展的基本需求。然而，企业性质、业务范畴及具体运营状况的多样性，使得不同行业、不同企业间的资金需求展现出很多不同。下面结合具体的案例进行分析。

11.1 不同行业的融资策略

每个行业都有各自的特点，不同行业由于业务性质、所处的市场环境不同，所采用的融资策略亦呈现出各自独特的特点。初创企业在规划融资时，必须紧密结合自身的行业属性、发展阶段以及市场环境，选择最为合适的融资策略。

11.1.1 商贸类初创企业：融资策略大揭秘

商贸类企业分为零售企业和批发企业，主要从事商品流通和贸易活动，不涉及商品的生产和制造，而是直接向消费者销售商品。这类企业是目前数量最多的类型，但规模不一，大到全国连锁门店，小到街边小店，有传统的线下门店，也有各大电商平台的线上店铺。

在融资上，这类初创企业却是最难的。接下来，就分析一下其融资难的原因及融资策略。

11.1.1.1 商贸类初创企业融资难的原因

商贸类初创企业之所以融资难，与这类企业的经营特点息息相关。商贸类企业的经营特点有如图 11-1 所示的 5 个。

(1) 自有资金少

大多数商贸企业在初期，无须投入太多的成本，比如，商超、药店、餐饮等，大都只需要支付场地租金、装修费用、人工成本、部分存货等。因此，其资产规模小，自有资金少。

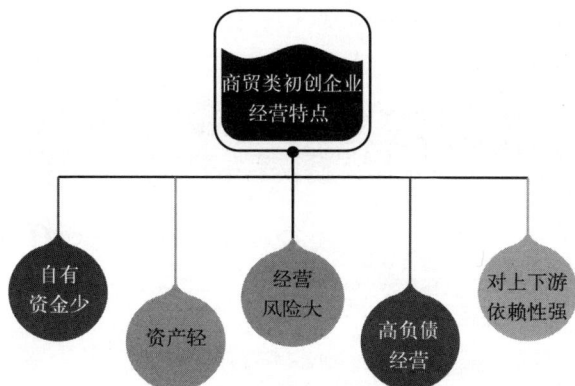

图 11-1　商贸类初创企业的经营特点

（2）资产轻

商贸类企业不涉及商品的生产、研发和制造，既缺乏像制造业那样的重型设备等资产，也缺乏像高科技企业那样的技术专利、知识产权专利。因此，资产相对较轻。

（3）经营风险大

商贸类企业在经营方面容易受到市场波动的影响，存在很大的亏损风险，所以导致其经营风险较大，并且商品库存和应收账款相对流动性大，不宜作为贷款抵押物。

（4）高负债经营

商贸类企业即使在初创阶段也需要经常采购商品，而商品与供应商是有一定账单周期的，这就会使企业产生很多应付货款。商品采购价格偏低的时候，很多企业都会大量采购，从而会占用大量资金。

（5）对上下游依赖性强

商贸行业的准入门槛低，对资金、技术要求不高，利润低，市场竞争激烈，对上下游依赖性强。可以说商贸行业，在某种程度上来看，是完全竞争行业，企业之间没有太多的"护城河"。

11.1.1.2　商贸类企业常用的贷款策略

综上所述，商贸类初创企业融资难的原因是多方面的，那么，这类企业的融资策略有哪些呢？如图 11-2 所示。

（1）票税贷

票税贷是一种基于企业纳税行为和票据

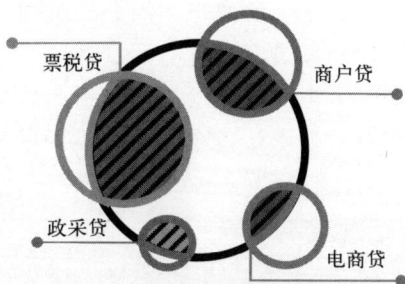

图 11-2　商贸类企业常用的融资策略

信息的信用类融资产品。这种融资方式主要依赖于企业的纳税记录和票据信息来评估企业的信用状况和还款能力。

票税贷的申请门槛相对较低，企业法定代表人或实际控股人具备完全民事行为能力，无不良嗜好和犯罪记录。同时企业有良好的运营情况，以确保能够按时偿还贷款本金和利息。

票税贷分为开票贷和税金贷，根据企业的信用情况和贷款期限来确定利率，税金贷一般为 3％～6％，开票贷则会高一些，一般为 5％～12％。

总的来说，票税贷是一种基于企业纳税行为和票据信息的贷款方式，具有门槛低、客群广、纯信用、操作简单、放款快、还款灵活等优势。它可以帮助商贸类企业快速获得所需的资金，解决短期资金周转问题。

（2）商户贷

商户贷是一种专门为商贸类企业设计的贷款产品，旨在满足商贸批发及零售市场内商户的资金需求。这种融资产品通常基于商铺的租售价值或经营流水量来提供一定的贷款支持。

这类融资优势在于它支持多类收单商户，无须抵质押，可以通过在线申请快速测额，且在贷款额度内可以随借随还，享受优惠的贷款利率。商贸类企业通常都是以银行收款码收款，只要有相应的流水就能申请到低利率的贷款。

商户贷的申请条件是经营实体工商登记正常，且已成立并实际经营至少一年；在相关机构有正常稳定的收单业务流水。在申请过程中，企业可以看到自己的申请进度。此外，商户贷还有额度提升的可能性，企业可以根据自己的信用和经营情况联系贷款服务行或客户经理提升授信额度。

值得提醒的是，以上信息仅供参考，具体的贷款政策、申请条件和操作流程可能因地区和机构的不同而有所差异。

（3）电商贷

商贸类企业主要是从事商品批发和销售，它的优势是线上优势，这类企业现在基本上都入驻了线上平台，如淘宝、京东、天猫、拼多多等，成为电商商家。而现在有专门针对电商商家的贷款渠道，其中最常用的就是电商贷。只要是在平台上开店销货的商户、工厂、主播、供应链方都可以申请。

电商贷是为通过电子商务平台以 B2B、B2C、C2C 等电子商务模式运作的企业和个人电商商户提供的贷款产品，主要用于正常生产经营活动，具有申请简单、利率低、期限长、额度灵活等特点，更多特点如表 11-1 所列。

表 11-1　电商贷的特点

特点	具体内容
申请简单	手续便捷，提供信用、保证、抵押、质押等多种担保方式的灵活选择
利率低	年化利率低，按单利计算，不存在与贷款直接相关的任何费用

特点	具体内容
期限长	贷款期长，并可根据经营周期灵活定制还款方式，还款压力小
额度灵活	根据客户的申请和综合情况，可以合理设置贷款金额
放款快	资料齐全的情况下，最快可当天放款
使用灵活	可申请线上自助放款渠道，一次授信、循环使用、随借随还

申请电商贷需要满足一定的条件，如年龄、店铺、营业执照和营业额等方面的要求，并且需要提供有效身份证件、企业证照、电商交易平台实名认证证明以及与生产经营或收入情况相关的佐证材料。

需要注意的是，电商贷的具体申请条件和流程可能因不同银行和产品而有所不同，因此在申请前需要仔细阅读产品说明和申请条件，确保自己符合申请要求，并选择信誉良好的银行和正规渠道进行申请。

（4）政采贷

政采贷是一种小众的融资方式，即政府采购供应商信用融资，是指银行以政府采购供应商信用审查和政府采购信誉为基础，依托政府采购合同，优化贷款程序和利率，直接向申请贷款的供应商发放无财产抵押贷款。

这种方式仅限于有国企、央企、事业单位等企业商品采购合同的企业。凭着采购合同，可申请到采购合同金额70％的贷款额度。例如，四川天府银行的"政采贷"是向中标政府采购项目供应商发放的基于其信用记录且无须提供其他财产抵押的贷款。

以上就是商贸类企业融资方式的简单讲解，不管是线下开店，还是线上平台的入驻商家，都有相对应的融资方式。

11.1.2 制造类初创企业：融资之路，步步为营

制造类企业往往是商贸类企业的上游合作者，前面提到商贸类企业融资难，并不意味着制造企业融资就会简单。事实上恰恰相反，传统制造业因资金需求大，融资渠道缺乏，资金缺口更大。

传统制造业融资难已经成了一个普遍存在的问题，许多企业家都面临着这样的困境。制造业是我国国民经济的支柱产业，对于推动经济增长、增加就业、促进创新等方面具有举足轻重的作用。然而，随着市场竞争的加剧和生产成本的上升，制造业企业面临着巨大的融资压力。

11.1.2.1 制造类初创企业融资难的原因

经归纳总结发现，阻碍制造类初创企业顺利融资的因素有 5 个，如图 11-3 所示。

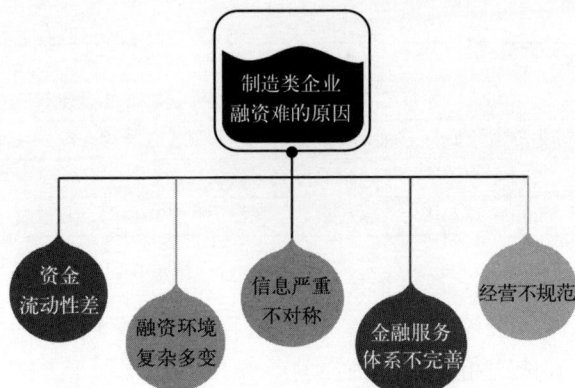

图 11-3　制造类初创企业融资难的原因

（1）资金流动性差

一般制造类企业的生产设备投入较大，科研投入、原料采购、设备购进、工厂租金以及水电等日常费用都非常大，人工成本也较高，容易造成库存积压，导致资金流动性差。

（2）融资环境复杂多变

制造类企业面临着巨大的竞争压力，为此，企业需要不断加大研发投入、拓展市场，而这些都需要资金的支持。然而，制造类企业所处的融资环境是一个复杂多变的生态系统。从宏观经济角度看，国际金融环境、国家政策调整、行业发展趋势等，都对传统制造类企业融资产生深远影响。再加上国际金融环境复杂多变，企业往往难以获得稳定的融资来源。

（3）信息严重不对称

信息不对称是所有企业都普遍存在的问题，制造企业也不例外。银行或金融机构难以全面了解企业的真实经营状况和财务状况，因此难以做出准确的信贷决策。这种信息不对称不仅增加了金融机构的信贷风险，也使得企业难以获得所需的融资支持。

（4）金融服务体系不完善

当前金融服务体系在满足制造类企业融资需求方面还存在一定差距。一方面，传统金融机构的服务模式和产品类型难以满足企业的多样化需求；另一方面，新兴的互联网金融和金融科技企业在服务小微企业方面还有待进一步规范和完善。

（5）经营不规范

一些制造企业由于规模较小、经营不规范、财务透明度低等原因，难以达到金融机构的贷款要求。这些企业往往缺乏足够的抵押资产，且经营风险相对较高，使得金融机构在放贷时更加谨慎。此外，一些企业的管理模式和经营团队素质参差不齐，这也影响了企业的融资能力。

11.1.2.2　制造类企业融资常用策略

针对制造类初创企业融资难的问题，可以采用以下策略进行融资。

（1）设备抵押

设备抵押贷款是一种以设备作为抵押品的融资策略。这种融资策略通常适用于那些拥有一些价值较高的设备的企业。制造类企业的生产、加工设备较多，采购价值都不低，可以以设备作为抵押物来获得资金，而不影响日常的经营生产。

设备抵押贷款的流程通常如表 11-2 所列。

表 11-2　设备抵押贷款的流程

流程	具体内容
融资企业提出申请	融资企业向银行或其他金融机构提交贷款申请，并提供相关材料，如设备清单、设备购买凭证、企业经营状况等
银行或金融机构评估	银行或其他金融机构对融资企业的信用记录、还款能力、设备价值等进行评估
双方签约	如果评估结果符合要求，银行或其他金融机构会向融资企业提供贷款，并与融资企业签订贷款合同
还款	融资企业按照合同约定的还款计划按时还款

需要注意的是，设备抵押贷款虽然可以为企业提供资金支持，但也存在一定的风险。如果融资企业无法按时还款，银行或其他金融机构有权对抵押的设备进行处置以收回贷款。因此，融资企业在申请设备抵押贷款时需要谨慎考虑自己的还款能力，确保能够按时还款。

（2）固定资产抵押

制造企业名下有很多生产车间、加工车间和仓储车间，这些厂房可以作为抵押物申请抵押贷款获得资金，最高可以贷到总价值的 70%。

固定资产抵押贷款是指企业以其拥有的固定资产作为抵押物，向银行或其他金融机构申请贷款的一种融资方式。这种方式最大优势是贷款额度高，还款期限长，非常适合资金缺口较大的制造类企业。

固定资产抵押贷款的特点如图 11-4 所示。

需要注意的是，固定资产抵押贷款也存在一定的风险。如果融资企业无法按时还款，银行或其他金融机构有权对抵押的固定资产采取查封、扣押等措施，以收回其贷款本金和利息。因此，融资企业在申请固定资产抵押贷款时，需要认真评估自己的还款能力和风险承受能力，避免盲目贷款导致不必要的风险。

总之，固定资产抵押贷款是一种重要的融资方式，可以为融资企业提供较大的资金支持和较低的融资成本。但融资企业需要认真评估自己的还款能力和风险承受能力，避免盲目贷款带来的风险。

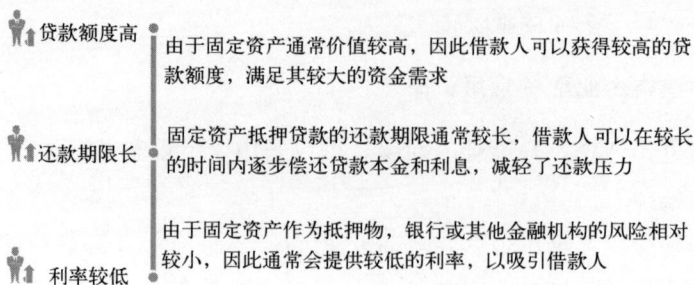

贷款额度高 —— 由于固定资产通常价值较高，因此借款人可以获得较高的贷款额度，满足其较大的资金需求

还款期限长 —— 固定资产抵押贷款的还款期限通常较长，借款人可以在较长的时间内逐步偿还贷款本金和利息，减轻了还款压力

利率较低 —— 由于固定资产作为抵押物，银行或其他金融机构的风险相对较小，因此通常会提供较低的利率，以吸引借款人

图 11-4　固定资产抵押贷款的特点

（3）电费贷

制造企业的用电量较大，一个中型企业每个月光电费的支出都可以达到 20 万元以上，大型的多达上百万元，以每个月的电费作为依据，可进行电费贷，最高可以贷到 1000 万元。

（4）应收账款贷

制造企业采购原材料后，向下游供货，但是订单回款周期也比较长，这就导致企业的应收账款较多。可以以应收账款作为质押或转让进行应收账款贷，缓解企业的现金流问题，用于企业生产经营、采购原材料等。

11.1.3　工程类初创企业：融资策略，稳扎稳打

近年来，随着房地产市场的波动，建筑工程类企业也面临着前所未有的融资挑战。这一行业特性使得工程类企业在融资过程中常常面临重重困难，如周期长、需求大、流动性差等。同时，信用状况、资产状况、政策环境和市场环境、信息不对称以及融资渠道受限等因素也进一步加大了融资的难度。

工程类初创企业融资难的原因有很多，不但与其经营特点、信用等内部因素有关，还与政策、市场、融资渠道等外部因素有关。具体如表 11-3 所列。

表 11-3　工程类初创企业融资难的原因

原因	具体内容
经营特点	建筑工程类项目往往周期长、资金需求大，且流动性相对较差。这使得银行在审批贷款时格外谨慎，企业融资难度加大
信用状况	工程类企业在回款、付款以及合同履行等方面存在不确定性，银行在评估企业信用时面临较大风险，导致融资难度增加
资产状况	工程类企业的资产往往以固定资产为主，流动性差，变现能力弱。这使得企业在寻求抵押担保等融资方式时面临较大困难
政策环境、市场环境	政策收紧或市场环境变化可能导致银行信贷政策调整，使得工程类企业融资更加困难

原因	具体内容
信息不对称	由于工程类企业的经营信息相对不透明，银行在评估企业风险时难以获得全面准确的信息，从而增加了融资难度
融资渠道受限	目前，工程类企业的融资渠道主要依赖于银行贷款和民间借贷，渠道相对单一，限制了企业的融资选择

面对融资困境，工程类初创企业需要积极寻求新的融资策略，以拓宽融资渠道，降低融资成本。以下是一些可以关注的融资新策略。

(1) 票税贷

针对工程类企业产值大、开票纳税金额高的特点，很多银行和金融机构推出纯信用贷款产品，最高可达 1000 万元，大大满足企业短期资金需求。

(2) 中标贷/合同贷

针对拥有国企、央企、政府事业单位中标通知书或采购合同的企业，提供最高覆盖 70% 合同金额的贷款，有效解决企业项目启动资金问题。

(3) 应收账款贷

通过转让或质押应收账款，实现资金快速回笼，缓解企业现金流压力。

(4) 融资租赁

针对施工设备购置资金需求，提供融资租赁服务，包括挖机、吊车、打桩机等各类工程机械，降低企业一次性投入成本。

(5) 项目配资/垫资

为分包商提供工程垫资服务，通过核心企业的中标和现场签约，实现资金秒到，解决分包商资金缺口问题。

总之，工程类企业在初期的融资过程中需要充分了解自身特点和市场需求，积极寻求适合自身发展的融资策略。通过拓宽融资渠道、优化融资结构、加强风险管理等措施，企业可以更好地应对融资难题，实现稳健发展。同时，政府和社会各界也应加大对工程类企业融资的支持力度，推动行业健康发展。

11.1.4 农业类初创企业：绿色融资，助力乡村振兴

农业是国民经济的基础，但在实际运营中，农业类初创企业往往面临着融资难的巨大问题。这不仅限制了农业类企业的发展，也阻碍了乡村振兴的步伐。接下来，从农业类企业融资难的原因、现在的融资困境及未来的方向——绿色融资等方面进行详细分析，以期为农业类初创企业提供更多的融资思路和解决方案。

与前面几类企业一样，农业类初创企业融资难的原因也是多方面的，具体分析如表 11-4 所列。

表 11-4 农业类初创企业融资难的原因

原因	具体内容
经营特点	以散户经营为主，规模相对较小，缺乏规模效应，导致融资成本相对较高
资产抵押不足	农业类企业往往缺乏可用于抵押的固定资产，使得金融机构难以提供贷款支持
经营风险高	农业受自然环境、气候变化等因素影响较大，经营风险较高，导致金融机构对农业类企业的贷款审批更加谨慎
信息不对称	农业类企业财务管理普遍不规范，信息披露不充分，导致金融机构难以评估企业的真实经营状况和还款能力
保险体系不完善	尽管农业保险是分散和转移农业生产、销售风险的重要工具，但我国现有的农业保险体系尚不完善，无法为农业类企业提供足够的保障

针对农业类初创企业的融资困境，目前市场上一些主流的融资产品，具体如图 11-5 所示。

图 11-5 农业类初创企业主流融资产品

种植贷　农担贷　设备抵押　电费贷　应收账款　绿色融资

（1）种植贷

种植贷是基于土地承包流转合同、种植规模、涉农保险等涉农数据，结合农作物生产周期授信的贷款资金。这种融资方式可以帮助农业类企业解决季节性资金需求。

（2）农担贷

农业担保公司和贷款机构按照一定风险承担比例为农业类企业授信的担保贷款。这种融资方式可以降低金融机构对农业类企业的风险担忧。

（3）设备抵押

农业类企业的农机设备、粮食仓储设备、加工设备可作为质押物，以获取资金支持。这种方式适用于有一定固定资产的农业类企业。

（4）电费贷

这是一种将企业的过往用电数据作为参考依据，按照企业电费缴纳水平获取贷款的融资方式。这种融资方式可以反映企业的实际经营状况和还款能力。

（5）应收账款

农业类企业的下游核心企业应收账款可作为质押物，以解决资金问题。这种融资方式可以帮助农业类企业盘活应收账款，提高资金使用效率。

（6）绿色融资

随着国家对乡村振兴战略的重视和支持，绿色融资逐渐成为农业类企业融资的重要方向。绿色融资不仅有助于农业类企业解决融资难题，还能推动农业可持续发展和生态保护。

所谓绿色融资，是指将筹集的资金用于环保、节能减排、生态农业等绿色产业和项目的融资活动。绿色融资强调资金使用的环保性和可持续性，有助于推动农业类企业实现绿色转型。具有低利率、长期限、政策扶持等优势，可以降低农业类企业的融资成本，减轻企业的还款压力。同时，绿色融资还有助于提升农业类企业的社会形象和品牌价值，增强企业的竞争力。

总之，农业类企业融资难题的解决，需要政府、金融机构和社会各方的共同努力。通过完善融资政策、创新金融产品、加强信息披露等方式，可以有效缓解农业类企业的融资困境。目前，越来越多的金融机构开始关注绿色融资领域，推出了一系列绿色金融产品。

例如，一些银行推出了针对生态农业、有机农业等领域的专项贷款产品，为农业类企业提供更加精准的融资支持。此外，一些地方政府也设立了绿色发展基金，支持农业类企业开展绿色项目和活动。

11.1.5 医疗大健康初创企业：融资助力，守护健康

医疗大健康行业是一个充满机遇和挑战的领域。随着大众健康意识的提高，人口老龄化速度的加快，该行业的需求不断增加，成为未来最有潜力的行业之一。

然而，医疗大健康行业是一个需要大量资金投入的行业，而且由于其特殊的性质，融资难已成为行业共识。

接下来就详细解读一下医疗大健康行业的融资策略，具体如图 11-6 所示。

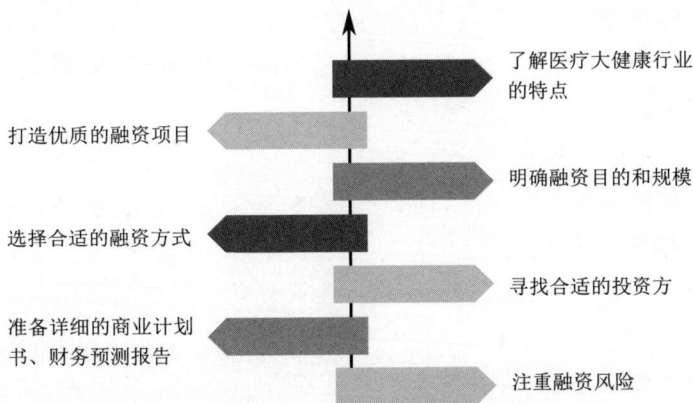

图 11-6 医疗大健康行业的融资策略

（1）了解医疗大健康行业的特点

医疗大健康行业与其他行业相比，具有投资回报周期长、风险大、投资数额大等特点。因此，在进行股权融资时，企业需要充分了解这些特点，以便更好地向投资者介绍项目，吸引合适的投资者。此外，由于医疗大健康行业的监管环境相对严格，企业在寻求融资时还需遵守相关法律法规，确保合规经营。

（2）打造优质的融资项目

成功的融资离不开优质的项目。一个好的医疗大健康项目或企业应具备如表11-5所列的3个特点。

表 11-5　好的医疗大健康项目或企业应具备的特点

特点	具体内容
市场需求广阔	项目或企业应能够满足医疗大健康行业的市场需求，具有广阔的市场前景
专业化团队	拥有资深的医院高管、技术权威的医生、专业的医疗设备研发制造人员等组成的优秀管理团队
先进技术	拥有先进的技术和大量的专利技术，能够在竞争中脱颖而出

（3）明确融资目的和规模

在进行融资之前，企业应明确融资的目的和规模。这有助于企业根据自身情况和市场需求，合理确定融资金额，避免资金过多或过少带来的问题。同时，企业还应根据融资目的，选择合适的融资方式，如天使轮融资、风投融资、私募股权融资等。

（4）选择合适的融资方式

医疗大健康行业的融资方式多种多样，包括天使轮融资、风投融资、私募股权融资、上下游合作方融资以及公开市场股权融资等。企业应根据自身发展阶段、资金需求和市场环境等因素，选择合适的融资方式。例如，初创企业可能更适合天使轮融资或风投融资；而已经发展到一定规模的企业，可能更适合通过公开市场进行股权融资。

（5）寻找合适的投资方

选择合适的投资方对于融资的成功至关重要。企业应积极寻找那些对企业有深刻理解、拥有行业资源、具备丰富经验的投资者。这些投资者不仅能够为企业提供资金支持，还能为企业提供宝贵的行业资源和经验支持，帮助企业快速弥补发展短板。

（6）准备详细的商业计划书、财务预测报告

在进行股权融资时，企业需要准备一份详细的商业计划书和财务预测报告。商业计划书应全面展示企业的发展前景、市场定位、竞争优势和盈利模式等方面

的情况，以便让投资者充分了解企业。财务预测报告则应准确预测企业未来的财务状况，包括收入、成本、利润等财务指标，以便投资者评估企业的投资价值和潜在风险。

（7）注重融资风险防控

融资虽然能为企业带来资金支持，但同时也伴随着一定的风险。企业应充分了解并评估融资可能带来的风险，如股权稀释、控制权丧失等。在融资过程中，企业应注重与投资者的沟通和协商，确保在保障企业利益的同时，实现投资者和企业的共赢。

综上所述，医疗大健康行业融资需要企业在多个方面做好准备和规划。通过深入了解行业特点，打造优质企业和项目，明确融资目的和规模，选择合适的融资方式，寻找合适的投资方法。同时，准备详细的商业计划书，有正确的财务预测及评估方法和技巧的运用，另外，也要注重融资风险的管理和控制，确保在融资过程中保障企业的核心利益。

11.1.6 互联网初创企业融资：智慧融资，驱动互联网创新

近年来，中国"新经济"的发展作为世界经济的亮点，受到广泛关注。而互联网产业又是"新经济"的重要组成部分，二十多年间在中国得到了迅速发展。互联网企业要想做大做强，强大的资金支持是必不可少的。因此，融资行为在企业发展过程中起到至关重要的作用。

互联网企业在融资方面，往往与其行业特点、技术背景和市场环境密切相关。相较于传统企业，互联网企业在融资过程中展现出与众不同的一面。

这是因为互联网行业有高投入、高风险的特性，这些特性使互联网企业在初创阶段运用传统融资渠道面临诸多困难。高投入、高风险导致一般信贷难以满足其融资需求。同时，互联网企业虚拟化操作较多，固定资产较少，可用于抵押的财产有限，进一步增加了融资难度。因此，我国互联网企业多采用"西方模式"融资，重点在于与风险投资资本合作。风险投资先以入股方式投入，待企业壮大上市后撤出，实现双赢。

然而，需要强调的是，风险投资是基于一定评估的，单一的融资方式不能满足所有初创阶段互联网企业的需求。随着我国创业板的成功推出和企业注册资本登记制度的改革，初创阶段互联网企业的融资难题有望得到缓解。当互联网企业进入发展壮大阶段并上市后，融资变得相对容易。债券融资是上市互联网企业的主要融资途径。这在我国互联网企业中普遍存在，因为当企业进入高速成长期时，资金需求量虽不大，但对时效性要求很高，而股权融资手续烦琐，且时效性低于债权融资。

此外，股权融资可能导致股权分散，使互联网企业更倾向于债权融资。同时，随着企业的发展壮大和市场认可度的提升，金融机构也愿意为其提供信贷支持。

当前，我国互联网行业正处于快速成长时期，作为衡量社会发展程度的重要指标之一，保障好互联网企业的发展具有重要意义。融资环节直接关系到该行业的兴衰，因此大力扶植互联网企业的发展有助于推动我国经济及现代化建设的提升。这些融资方式各有优缺点，适用于不同阶段和规模的互联网企业，企业需根据自身需求和情况选择合适的融资方式。

11.1.7 新兴初创企业融资：探索融资新路径，引领行业变革

新兴行业是指近年来快速发展并带来重大变革的一系列产业。这些行业通常具有高科技含量、高附加值、高创新性等特点，对经济社会发展起到重要的推动作用，如表11-6所列是一些典型的新兴行业。

表11-6　典型的新兴行业

行业	具体内容
人工智能（AI）	AI技术正在改变各行各业，从医疗、金融到制造业、零售业等。AI工作助理，如WPS AI，能够理解自然语言并生成对应的回复，帮助人们更高效地完成工作
区块链技术	区块链技术是一个去中心化的数据库，可以记录交易、存储数据和验证身份等操作。它正在被广泛应用于数字货币、供应链管理、电子投票等领域
虚拟现实（VR）与增强现实（AR）	这些技术可以创造出仿佛身临其境的虚拟世界，被广泛应用于游戏、教育、旅游、医疗等领域
无人驾驶技术	无人驾驶技术涉及自动驾驶汽车、无人机等，正在改变交通运输、物流、国防等领域
物联网（IoT）	物联网是指通过网络连接物理设备，实现设备的智能化和互联互通。它被广泛应用于智能家居、智能城市、智能农业等领域
大数据分析	大数据技术可以处理海量数据，挖掘出有价值的信息，被广泛应用于金融、医疗、教育、市场营销等领域
新能源技术	新能源技术包括太阳能、风能、水能等可再生能源，正在推动环保和能源领域的变革

上述新兴行业如同璀璨的星辰，不仅点亮了经济增长的夜空，更为社会的发展注入了无尽的活力与可能性。它们犹如勇敢的探险家，在未知的领域中披荆斩棘，开拓出新的商业领域和商业模式。然而，这些行业的崛起，也带来了一系列新的挑战和机遇，尤其是在人才培养、政策支持和融资等方面。新兴行业在融资方面的特征主要有如图11-7所示的4个方面。

（1）融资需求大

新兴行业对资金的需求量是巨大的。它们如同嗷嗷待哺的婴儿，急需大量的资金投入以支持其研发、市场推广和业务拓展。这些行业可能处于发展的初期阶段，如同初生的嫩苗，需要阳光和雨露的滋润才能茁壮成长。因此，融资需求大是新兴行业在融资方面的首要特色。

图 11-7　新兴行业在融资上的特征

为了满足庞大的资金需求，新兴行业在融资方式上也展现出多样性。它们可能采用股权融资、债权融资、风投融资、天使轮融资、众筹等多种方式，如同八仙过海，各显神通。这些融资方式各有优劣，适合不同阶段和规模的企业，为新兴行业的发展提供了多元化的融资选择。

（2）投资者风险偏好高

由于新兴行业的不确定性和风险性较高，投资者在参与融资时通常需要具备较高的风险承受能力。他们如同猎人，寻找着具有潜力的猎物，更关注企业的增长潜力和市场前景，而不是短期的盈利状况。因此，投资者风险偏好高也是新兴行业在融资上的一个特色。

（3）融资工具不断创新

随着科技的发展，新兴行业还可能利用创新融资工具来筹集资金。例如，区块链技术和数字货币等新型金融工具，具有去中心化、透明度高、交易成本低等优势，为新兴行业提供了更多的融资选择。这些创新融资工具如同神奇的魔法棒，为新兴行业的发展注入了新的活力。

（4）获得更多的政府支持

政府在支持新兴行业发展方面也发挥了重要作用。许多地方政府为新兴行业提供了税收优惠、贷款担保、直接补贴等政策支持，如同温暖的春风，为新兴行业的发展提供了坚实的保障。这些政策不仅降低了企业的融资成本，还提高了融资效率，为新兴行业的快速发展提供了有力支持。

总之，新兴行业在融资上的特征主要体现在其庞大的融资需求、多样化的融资方式、投资者的高风险偏好、创新融资工具的应用以及政府的支持等方面。这些特色使得新兴行业在融资市场上具有独特的优势和挑战。未来，随着科技的进步和政策的支持，相信新兴行业将在融资领域继续展现出更加丰富多彩的特色，为经济社会的发展注入更多的活力与可能性。

11.2 不同类型初创企业融资策略：有限责任、股份有限、合伙公司各有千秋

有限责任公司、股份有限公司和合伙企业是常见组织形式，有限责任公司和股份有限公司属于独立的法人组织，合伙企业是非法人组织，其合伙人承担无限连带责任；而有限责任公司与股份有限公司也有区别，我国法律对三者的设立、变更及组织形式等均有明确规定。

11.2.1 有限责任公司、股份有限公司融资的区别

有限责任公司和股份有限公司，它们就像是性格迥异的兄弟。有限责任公司是低调内敛的哥哥，它依照《中华人民共和国公司法》设立，股东们只以自己的出资额为限对公司承担责任，而公司则以它的全部资产为公司的债务承担责任；股份有限公司则像活力四射的弟弟，它由众多股东组成，公司资本被分为等额股份，股东们以所持股份为限对公司承担责任，而公司则依旧用它的全部资产来承担责任。

这两兄弟虽然在很多地方有相似之处，但各有特色。比如，成立条件和募集资金方面，有限责任公司的成立条件相对宽松，而股份有限公司则更为严格。前者只能依靠发起人集资，不能公开向社会募集资金，后者则可以自由地向社会公开募集资金。在股东人数上，前者有最高和最低的要求，而后者则只有最低要求，没有最高要求。

在股份转让方面，有限责任公司的股东转让自己的出资有严格要求，过程相对困难。而股份有限公司的股东则可以相对自由地转让自己的股份，没有那么多的限制。

股权证明形式上，有限责任公司的股权证明是出资证明书，这个证明书不能转让、流通。而股份有限公司的股权证明则是股票，股东所持有的股份以股票形式体现，而且股票可以转让、流通，就像是一张可以自由交易的入场券。

在股东会、董事会的权限和两权分离程度上，有限责任公司的股东人数相对较少，所以股东会权限较大，董事经常是由股东自己兼任，所有权和经营权的分离程度较低。而股份有限公司由于股东人数众多，股东会的权限有所限制，董事会的权限较大，所有权和经营权的分离程度也较高。

在财务状况公开程度上，有限责任公司由于人数有限，财务会计报表可以不经过注册会计师的审计，也可以不公告，只要按照规定期限送交各股东就行。而股份有限公司由于股东人数众多，会计报表必须经过注册会计师的审计并出具报告，还要存档以便股东查阅，其中以募集设立方式成立的股份有限公司，还必须

公告其财务会计报告，让所有人都能了解到公司的运营状况。

总的来说，有限责任公司和股份有限公司有很大差异，这些差异可以总结为 5 点，如表 11-7 所列。

表 11-7　有限责任公司和股份有限公司的差异

比较项目	具体内容	
公司类型	有限责任公司	股份有限公司
成立条件	宽松	严格
募集资金	依靠发起人集资，不能向社会公开募集	自由地向社会公开募集资金
股东数量	最低、最高皆有限制	只有最低限制，没有最高限制
股份转让	有着严格的要求，过程相对困难	相对自由地转让自己的股份
股东会、董事会的权限	股东人数相对较少，股东大会的权限较大	股东人数众多，股东会的权限有所限制，董事会的权限较大
两权分离程度	经营权的分离程度较低	所有权和经营权的分离程度较高
财务公开程度	可不经注册会计师审计，可不公告，只需按照规定期限送交各股东	必须经注册会计师的审计，并出具报告，还要存档以便股东查阅

但也正是因为上述诸多方面的差异，决定了两者在融资策略上有所区别，集中表现在 3 个层面。

（1）股权表现形式

从股权表现形式来看，有限责任公司的权益总额并不做等额划分，股东的股权是通过所认缴的出资额比例来表示。而在股份有限公司中，其全部资本被分为数额较小、每一股金额相等的股份，股东的表决权按认缴的出资额计算，每股都有一票表决权。

（2）设立方式及流程

从设立方式及流程来看，有限责任公司只能由发起人集资，不能向社会公开募集资金，也不能发行股票，其设立流程相对简单，包括订立公司章程、股东缴付出资、验资机构验资以及设立登记。而股份有限公司除了可以采用有限责任公司的设立方式外，还可以通过向社会公开筹集资金并上市融资，但其设立流程更为复杂，包括订立公司章程、发起人认购股份和向社会公开募集股份、验资、召开创立大会以及设立登记。

（3）股权转让和股权流动性

这两种类型的公司在股权转让和股权流动性方面也存在差异。在有限责任公司中，股东之间可以相互转让出资额，而股份有限公司的股份则可以在更广泛的市场上自由买卖，流动性更高。

至于融资的具体方式和策略，两种类型的公司可能会根据自身的经营情况、资金需求和市场环境等因素来选择。例如，有限责任公司可能会更倾向于通过银行贷款或向特定投资者寻求资金支持，而股份有限公司由于其股权的流动性更强，可能更容易通过发行股票或债券等方式在公开市场上融资。

综上所述，股份有限公司和有限责任公司在融资上确实存在一些区别，在选择融资方式时，需要充分考虑自身的特点和需求，选择最适合自己的融资策略。

11.2.2　合伙公司融资策略

上节讲到有限责任公司和股份有限公司在融资方面有很大的区别，如果与合伙企业比较，两者之间的区别又不算特别大了，因为合伙公司与前两者的区别更明显。无论是有限责任公司，还是股份有限公司，较之合伙公司，都更容易吸引外部资本，因为其在"经营管理规范"上更为规范。

一方面，有限责任公司、股份有限公司，可以开设分公司或投资设立子公司，这使得其融资能力更强，更容易发展壮大规模。如果经过股改并成功上市，即成为"公众公司"，其融资也会更加方便。而合伙公司通常用于"持股平台"的搭建或某些特殊行业的组织形式，其融资能力相对较弱。

另一方面，责任承担方式不同，合伙公司的合伙人需要承担无限连带责任，而有限责任公司股东以其认缴的出资额为限对公司承担责任，股份有限公司则是以股东所拥有的股权为限对公司承担有限责任。

可见，合伙公司与有限责任公司、股份有限公司在融资方面也会存在显著差异。这些差异主要体现在融资渠道、融资成本、融资结构、投资者关系 4 个方面，具体内容如表 11-8 所列。

表 11-8　合伙公司与有限责任公司、股份有限公司的差异

差异类型	公司类型	具体内容
融资渠道	合伙公司	依赖合伙人的个人资金或有限的外部融资，其融资渠道相对有限，难以通过公开发行股票或债券来融资
	有限责任公司	融资渠道相对更广泛，可以通过银行贷款、发行债券或引入战略投资者等方式进行融资，还可以通过向特定投资者出售股份或扩大股东基础来筹集资金
	股份有限公司	融资渠道最为丰富，因为它们可以通过在证券交易所公开发行股票来筹集大量资金。此外，股份有限公司还可以通过发行债券、向银行贷款或引入其他金融机构进行融资
融资成本	合伙公司	由于融资渠道有限，可能面临较高的融资成本，因为投资者可能会要求更高的回报以补偿其风险
	有限责任公司和股份有限公司	由于具有更广泛的融资渠道和更强的信用评级，通常可以以较低的成本获得资金

差异类型	公司类型	具体内容
融资结构	合伙公司	融资结构通常较为简单，主要由合伙人出资组成
	有限责任公司和股份有限公司	融资结构更为复杂，可能涉及多种融资工具和投资者类型。例如，股份有限公司可以通过发行不同期限和利率的债券来满足不同的融资需求
投资者关系	合伙公司	投资者关系通常较为紧密，因为合伙人通常直接参与公司的经营和管理
	有限责任公司和股份有限公司	投资者关系可能更为复杂，因为公司需要与广泛的股东和债权人保持良好的沟通和关系管理

综上所述，合伙公司、有限责任公司和股份有限公司在融资渠道、融资成本、融资结构和投资者关系等方面都存在差异。这些差异使得不同类型的公司在选择融资方式时需要考虑自身的特点和需求。

11.2.3 小微企业融资策略

较之前面三大类型的企业，小微企业融资之旅更为艰难，犹如一次冒险征途。这些小微企业尽管充满活力与创意，但在融资的大门前却常常碰壁。让我们一同来看看，这些勇敢的小微企业们究竟面临着哪些难题？

（1）信用之谜

小微企业如同刚刚踏入社会的青涩少年，它们的信用记录往往是一片空白。没有长时间的信用积累，没有健全的财务制度，这让银行对它们的真实情况难以捉摸。就像是一场迷雾中的捉迷藏，银行总是对这些小微企业们充满疑虑。

（2）担保之困

对于小微企业来说，它们往往没有足够的资产来作为贷款的担保。而担保机构又像是高高在上的贵族，对小微企业的担保条件要求苛刻，仿佛在说："你还不够格！"这使得小微企业陷入了进退两难的境地。

（3）信息之障

小微企业在融资条件审核中处于劣势，因为传统金融机构更倾向于考察企业的资产负债等"硬信息"，而小微企业往往缺乏这些信息。小微企业与金融机构之间，就像是隔着一道厚厚的玻璃墙。小微企业难以提供完整的财务报表和经营信息，这使得金融机构难以看清它们的真实面目，也就难以做出是否给予融资的决定。

（4）成本之重

对于小微企业来说，融资的成本往往是一笔不小的负担。由于它们的融资需求规模较小，融资期限较短，这使得金融机构在提供融资服务时需要承担较高的成本和风险。这就像是一场不公平的赌博，小微企业总是需要付出更高的代价。

但是，小微企业并没有因眼前困难而止步不前，它们开始积极寻找各种融资渠道，采取灵活、多样化的融资手段。比如，供应链金融、知识产权质押融资、众筹、电商小贷、P2P 和 P2B 融资服务等。每种方式都有它的优点和缺点，所以企业在选择时需根据自己的实际情况来考虑，还要多想想企业的未来发展。

（1）供应链金融

供应链金融是一种针对中小企业的新型融资模式，它将资金流有效整合到供应链管理的过程中。该模式以核心客户为依托，以真实贸易背景为前提，运用自偿性贸易融资方式，既为供应链各环节企业提供贸易资金服务，又为供应链弱势企业提供新型贷款融资服务。它使得资金在供应链中更加有效地流动，为小微企业提供了更加便捷的融资服务。

（2）知识产权质押融资

知识产权质押融资是一种特殊的融资方式，主要利用企业或个人合法拥有的专利权、商标权、著作权等知识产权中的财产权作为质押物，经过知识产权价值评估后，向银行或其他融资机构申请融资。

这种融资方式，尤其适合科技型企业，大大缓解了因缺少不动产担保而带来的资金紧张难题，让小微企业的知识产权变成了实实在在的资产。因此，小微企业应该发挥和利用自身"软信息"优势，利用知识产权、技术革新等创造力，以获得更多的融资话语权。

（3）众筹

众筹就像是大家凑钱来支持一个项目或产品。这种方式门槛低、方式灵活，对小微企业来说是个好选择。通过众筹，企业不仅能获得资金，还能累积客户资源。因为每个投资者都可以对项目提出意见，企业可以及时改进。这种互动对企业发展很有利，还能降低产品进入市场的风险。

（4）电商小贷

电商小贷就是电商平台（如阿里巴巴）利用自己的网络平台给小微提供小额贷款。这种方式简单快捷，安全性也有保障，所以很受小微企业欢迎。随着电商的发展，它们与小微企业的合作也越来越紧密。电商企业还通过与银行、金融机构合作，提供更多种类的融资服务，帮助小微企业融资。

（5）P2P 融资服务

P2P 融资是个人对个人的贷款模式。小微企业可以通过 P2P 平台选择投资者，双方匹配认证后就能完成借贷。这种方式高效，省去了很多中间环节，降低了融资成本。而且，在 P2P 平台上，借款人的信息都是透明的，企业可以选择信任的投资者，融资安全性也提高了。

（6）P2B 融资服务

P2B 融资是个人对企业的贷款模式。它联合了政府、小微企业、个人、第三方网络服务平台商和政策性担保机构，形成了一个比较完整的融资链条。这种方式效率高、风险低、安全可靠。政府监督民间借贷组织和第三方服务平台，第三方服务平台为小微企业进行信用评级，政策性机构提供担保，降低了借贷风险。虽然 P2B 融资模式在中国还在起步阶段，但它有着广阔的前景，随着小微企业的发展，这种融资方式会越来越受欢迎。

11.2.4　个体工商户融资策略

个体工商户的融资需求通常较为多样化，包括经营周转、扩大规模、购置设备、研发创新等方面。然而，由于个体工商户规模较小、信用记录有限等因素，其融资需求往往难以得到满足。

比如，个体工商户的融资渠道相对有限，主要包括银行贷款、民间借贷、亲友借贷等。其中，银行贷款是较为常见的融资方式，但个体工商户往往因为缺乏抵押物、信用记录不佳等原因而难以获得贷款。民间借贷和亲友借贷虽然手续简便，但利率较高，风险也较大。

再比如，个体工商户的融资成本通常较高，这主要是其信用记录有限、抵押物不足等因素导致的。此外，一些不法分子也会利用个体工商户急需资金的心理，通过虚假宣传、高息诱惑等手段进行非法集资，给个体工商户带来更大的风险。

总的来说，个体工商户融资现状存在一些问题，包括融资需求难以满足、融资渠道有限、融资成本较高、融资环境不够优化等。

个体工商户企业融资难的问题是一个长期存在的问题，政府和金融机构一直在努力解决。例如，浙江省政府就通过浙江小微增信服务平台，以数字赋能的方式，筛选形成"白名单"，联动银行，以信授贷，推动信用贷款和首贷户扩面增量。同时，各大银行也在主动对接企业，提供金融解决方案，以最快的速度给予融资支持和其他金融服务。

同时，个体工商户也要积极自救，采取多样化融资策略，具体策略取决于企业的具体需求、财务状况以及市场环境。如图 11-8 所示是一些常用的融资策略。

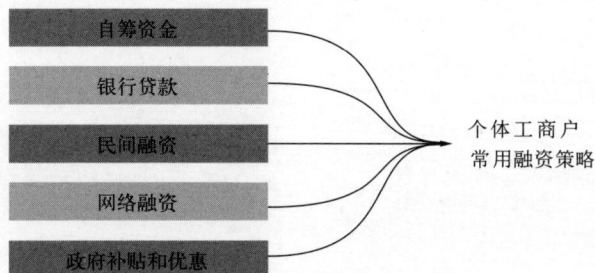

图 11-8　个体工商户常用融资策略

（1）自筹资金

这是最简单的融资策略，主要通过个体工商户自身的储蓄、亲友借款等方式筹集资金。这种方式的优点是资金成本低、风险小，但可能会受到个体工商户自身资金规模的限制。

（2）银行贷款

个体工商户可以向银行申请贷款，包括流动资金贷款、项目贷款等。银行贷款的优点是资金量大、还款期限长，但需要提供抵押或担保，且利率较高。

（3）民间融资

这是一种非正规的融资方式，主要通过向个人或组织借款来筹集资金。民间融资的优点是手续简便、放款速度快，但利率较高，且可能存在法律风险。

（4）网络融资

随着互联网的发展，越来越多的网络融资平台出现，个体工商户可以通过这些平台来筹集资金。网络融资的优点是方便快捷、门槛低，但利率较高，且存在信息安全风险。

（5）政府补贴和优惠

政府为了鼓励和支持小微企业发展，会提供一些融资补贴和优惠政策。个体工商户可以关注政府政策，申请相应的补贴和优惠。

在选择融资策略时，个体工商户需要综合考虑自身的财务状况、资金需求、还款能力等因素，以及不同融资策略的优缺点和风险。同时，个体工商户还需要注意合法合规，避免陷入非法融资的泥潭。